这正常吗？

女孩成长关键期的160个生理困惑

姜秋月 著
唐光雨 绘

北京理工大学出版社
BEIJING INSTITUTE OF TECHNOLOGY PRESS

版权专有 侵权必究

图书在版编目（CIP）数据

这正常吗？女孩成长关键期的 160 个生理困惑 / 姜秋月著 . —北京 : 北京理工大学出版社 , 2018.12
　ISBN 978-7-5682-6459-4

Ⅰ . ①这… Ⅱ . ①姜… Ⅲ . ①女性－青春期－生理卫生－健康教育 Ⅳ . ① G479.2

中国版本图书馆 CIP 数据核字（2018）第 250571 号

出版发行 / 北京理工大学出版社有限责任公司
社　　址 / 北京市海淀区中关村南大街 5 号
邮　　编 / 100081
电　　话 /（010）68914775（总编室）
　　　　　（010）82562903（教材售后服务热线）
　　　　　（010）68948351（其他图书服务热线）
网　　址 / http://www.bitpress.com.cn.
经　　销 / 全国各地新华书店
印　　刷 / 鑫艺佳利（天津）印刷有限公司
开　　本 / 710 毫米 × 1000 毫米　1/16
印　　张 / 13　　　　　　　　　　　　　　　责任编辑 / 闫风华
字　　数 / 90 千字　　　　　　　　　　　　　文案编辑 / 李文文
版　　次 / 2018 年 12 月第 1 版　2018 年 12 月第 1 次印刷　责任校对 / 周瑞红
定　　价 / 39.80 元　　　　　　　　　　　　　责任印制 / 施胜娟

图书出现印装质量问题，请拨打售后服务热线，本社负责调换

牧童村关爱成长系列读本是按照中国女孩们成长问题的来信开发的。她是你生活的导师，会让你重新认识自己，解决你成长中的身体和心理问题，不会占用你太多的时间哦！温馨美丽的图解，开心明朗的语言，科学专业的知识，让你在短时间内快速解决掉你的烦恼！

书中这些细致的小问题，在成人看来也许是很微不足道的。然而在现实生活中，孩子们面对这些突如其来的状况，并不能坦然理性地面对，以至于造成学习成绩莫名的下降，性格怪僻，乱发脾气，无法与家长沟通等严重的心理问题！再一次忠告天下的父母，请关注女儿9岁以后的成长，关注女儿青春期的教育！孩子以后能否快乐成长为一个健康女孩，这个时期至关紧要！

写给每一个刚刚或已进入青春期的女孩，在人生的这个时期，你充满了各种各样的惶惑，以至让自己心绪烦乱，与家人失和，对自己的身体变化感到担忧，我们希望你能从这本书里查到你成长中烦恼问题的答案，我们也会为你其他的问题做出及时专业的回答。

为了更加完善我们的问题库，如果有什么问题就给我们来信吧！不管是妈妈，还是女孩，我们都会给您满意的解答！也希望您对我们的图书提出宝贵的意见和建议，到时您会收到意想不到的开心礼物啊！所以地址和联系方式要记清楚噢！

我们的信箱（E-mail）:mutongcun2018@163.com

收信地址：北京市丰台区嘉园三里乙1楼1507室

牧童村童书馆（收）

序言

不知不觉，女儿长大了，身体在悄悄地发生着变化。作为妈妈，除了欣喜之外，还有着太多的担心和想要讲给她的一些成长知识。真是难以开口！女儿羞于问我，而我又该从哪说起呢？想到当父母的不知道怎样去提出这些话题和这个时期的女儿交流时，我想得做些什么来帮我女儿减轻她的莫名焦虑和我的担心。

我自己心里也有着太多的疑问，只是不知如何得到这些问题的答案！上网一搜相关内容，会出来一些令人面红耳赤的画面，懵懂不知所措、紧张害怕的心态，让我再也笑不起来了！看看发生变化的自己，胸部开始有不适的感觉了！开始变胖了！每天都在烦恼着自己的莫名古怪的坏脾气！每个月都会有的麻烦事怎么那么难解决呢？长大好烦！

目录

PART 1 破茧化蝶——啊,我的美丽青春期

页	节	标题
2	第1节	我进入青春期了吗?
3	第2节	男孩子也会有青春期吗?
4	第3节	青春期会持续多久啊?
5	第4节	为什么我的胸鼓起来了?
6	第5节	胸部为什么胀胀的,还有些疼?
7	第6节	同桌的胸部为什么没有变化呢?
8	第7节	这算是早熟吗?
9	第8节	乳房里有硬硬的东西,这正常吗?
10	第9节	怎样做乳房自我检查?
11	第10节	乳头为什么会有乳白色的东西呢?
12	第11节	两个乳房的大小怎么不一样?
13	第12节	有什么办法让乳房变对称?
15	第13节	我怎么没有乳头呢?
16	第14节	怎么样才能让我的乳头不再内陷呢?
17	第15节	按摩真的会让乳房变大吗?
18	第16节	我的乳房为什么比同龄人大?
19	第17节	内衣紧些会不会让乳房变小呢?
20	第18节	我可以束腰、束胸吗?
22	第19节	最近能吃又能睡,这是怎么啦?
23	第20节	什么是神经性厌食?
24	第21节	怎么吃才能既有营养又不变胖?
26	第22节	这是肥胖症吗?
27	第23节	怎样才能远离青春期肥胖症?

PART 1 破茧化蝶——啊,我的美丽青春期

页码	节	标题
28	第24节	想不吃饭减肥,有效吗?
29	第25节	怎样才能苗条瘦高?
30	第26节	天啊,我怎么比男生还要高!
31	第27节	我运动比她们多,怎么还是比她们矮呢?
33	第28节	我什么时候会停止长高?
34	第29节	身高和体重怎样才是标准的呢?
36	第30节	脸上为什么会长出小痘痘?
37	第31节	怎样才能让皮肤光洁水嫩?
38	第32节	怎样做才能消灭痘痘?
39	第33节	应该怎样进行皮肤护理呢?
40	第34节	脸上长了雀斑,怎么见人呀?
41	第35节	我的声音怎么出问题了?
42	第36节	怎样让我的声音不再沙哑?
43	第37节	能让声音像歌手一样动听吗?
44	第38节	女孩会像男孩那样长喉结吗?
45	第39节	女孩也会长胡子?
46	第40节	呜……我下面怎么会长毛毛啊?
47	第41节	阴毛好奇怪,它会长多长呢?
48	第42节	我腋下居然也会长毛?
49	第43节	可以剪掉腋毛吗?
50	第44节	我的汗毛为什么变多变黑了呢?
51	第45节	腋毛多是多毛症吗?
52	第46节	有的女同学怎么越来越像男生?
53	第47节	我怎么才能有漂亮头发呢?
54	第48节	能不能像妈妈一样化妆呢?
56	第49节	参加同学的生日派对,能穿高跟鞋吗?
57	第50节	不化妆、不穿高跟鞋,怎样打扮才美丽?

PART 2 成熟开始季——唉，我的生理周期

页	节	标题
59	第1节	天呀！我的下面出血啦，怎么回事？
60	第2节	第一次来月经，身体会有什么先兆？
61	第3节	来月经之前，需要做哪些准备？
62	第4节	月经会伴随我多久呢？
63	第5节	为什么只有女孩会来月经？
64	第6节	来月经真的是件倒霉的事吗？
65	第7节	怎么样才能算出下个月哪天来月经呢？
66	第8节	好担心哟！上课时来了月经该怎么办呢？
67	第9节	经血有气味，别人会不会闻到呢？
68	第10节	这次经血的气味为什么和以前不一样呢？
69	第11节	来月经就可以生小孩吗？
70	第12节	什么样的月经是正常的呢？
71	第13节	来月经前乳房发胀是怎么回事？
72	第14节	来月经时经常头晕、头痛，这是为什么呀？
74	第15节	来月经时，肚子为什么这么痛？
75	第16节	痛经可以吃药止痛吗？
76	第17节	有什么方法可以缓解痛经吗？
77	第18节	经期腰痛，用手捶行吗？
78	第19节	经前总是烦躁脾气坏是怎么回事呀？
79	第20节	怎么才能减轻经期坏脾气呢？
80	第21节	经期不爱吃东西怎么办呢？
81	第22节	经期应该怎么清洗下身呢？
82	第23节	好朋友为什么还没有来月经呢？
83	第24节	月经才过10多天，怎么又出血呢？
84	第25节	有什么办法可以预防"青春期功能性子宫出血"？
85	第26节	这个月月经怎么还没来呢？

PART 2 成熟开始季——唉，我的生理周期

86	第27节	小美有几个月没来月经了，这是怎么回事呢？
87	第28节	月经为什么不规律呀？
88	第29节	肚子痛，是什么原因引起的呢？
90	第30节	总是在来月经的时候生病，这是怎么回事？
92	第31节	来月经的时候，鼻子为什么会出血？
93	第32节	应该怎样避免倒经的发生呢？
94	第33节	太胖会没有月经吗？
95	第34节	太瘦也会没有月经吗？
96	第35节	怎么判断月经量是过多了还是过少了呢？
97	第36节	来月经时想要洗澡可不可以呢？
98	第37节	来月经时能下水游泳吗？
99	第38节	来月经时可以上体育课吗？
100	第39节	月经期间能不能吃冰淇淋？
101	第40节	经期能不能唱卡拉OK？
102	第41节	来月经时可以吃药吗？
103	第42节	经期的时候可以去旅游吗？
104	第43节	运动会要到了，正赶上来月经的日子，怎么办？
105	第44节	怎样选择适合自己的卫生巾呢？
106	第45节	选择卫生巾时有什么需要特别注意的吗？
107	第46节	卫生巾应该多长时间换一次？
108	第47节	卫生栓和卫生巾有什么不同，经期时用它好吗？
109	第48节	用卫生巾也会过敏吗？

PART 3 私密花园——嘘，我的烦恼心事

页码	节	标题
111	第1节	我为什么总梦见和男孩约会呢？
112	第2节	自己有了关注的男孩，怎么办？
113	第3节	面对男女亲密的镜头，我为什么总是脸红？
114	第4节	公交车上的男人有不良举动，他想干什么？
116	第5节	遇到骚扰应该怎么办呢？
117	第6节	怎样减少或避免骚扰呢？
118	第7节	妈妈说女孩的"内在美"是什么意思？
119	第8节	牵手接吻会怀孕吗？
120	第9节	和男生保持距离，是一种安全也是一种美吗？
121	第10节	远离妇科病，我该做些什么？
123	第11节	做妇科检查，让你很烦恼？
124	第12节	怎样才能让乳房健康地发育？
126	第13节	大人戴文胸，我也需要戴吗？
127	第14节	怎样选择适合自己的文胸和内裤呢？
129	第15节	怎样将乳房洗干净？
130	第16节	内裤上的血渍怎么洗？
132	第17节	内裤需要天天换天天洗么？
133	第18节	新买回来的内衣要洗了才能穿？
134	第19节	内裤上总有白色的黏液，是什么呀？
135	第20节	白带有味怎么办？
136	第21节	下体难闻的气味特别大，我怎么啦？
137	第22节	白带为什么会像豆腐渣？
138	第23节	可以每天都用护垫吗？
139	第24节	阴部总是痒，这是怎么回事呢？
140	第25节	如何不让外阴再痒痒？
141	第26节	怎么样清洗外阴才是正确的呢？

PART 3 私密花园——嘘，我的烦恼心事

- 142　第27节　阴部的卫生平常应该注意哪些方面呢？
- 143　第28节　有了抚摸的欲望，我该怎么办？
- 145　第29节　为什么有的高年级女生喜欢吸烟？
- 146　第30节　为什么老师和家长不让我们喝酒呢？
- 148　第31节　可不可以把头发染成漂亮的棕色呢？
- 150　第32节　想修眉毛和文眼线，可以吗？
- 151　第33节　好漂亮的耳环，我能拥有吗？

PART 4 阳光天使——耶，我的卫生保健

- 153　第1节　怎么对付讨厌的头皮屑？
- 155　第2节　小美已戴上了眼镜，我怎样才能预防近视呢？
- 157　第3节　红眼病可怕吗？
- 158　第4节　这是鼻窦炎吗？我该怎么预防？
- 159　第5节　抠鼻子习惯会不会造成鼻炎？
- 161　第6节　感冒后耳朵里有流水声？
- 162　第7节　抠耳朵是坏习惯吗？
- 163　第8节　口腔溃疡，为什么那么钟爱我呢？
- 164　第9节　应该怎样预防口腔溃疡呢？
- 165　第10节　牙龈总出血，这是怎么了？
- 166　第11节　得了牙龈炎我又该怎么办呢？
- 167　第12节　牙套会让牙齿变得整齐漂亮？
- 168　第13节　我的喉咙怎么说不出话来了？
- 169　第14节　同桌腋下的气味好难闻？

PART 4 阳光天使——耶,我的卫生保健

170 第15节 总想去卫生间,却没有小便是怎么回事?
171 第16节 脚趾中间长了小水疱,是脚气吗?
172 第17节 阴道炎和脚气有关系?
173 第18节 可以用冷水洗脚吗?
174 第19节 游泳时突然抽筋怎么办?
175 第20节 运动时关节脱位怎么办?
176 第21节 同学突然晕倒了,我们该做些什么呢?
177 第22节 不小心受伤,出血了该怎么办?
179 第23节 外出旅行应该注意哪些卫生问题呢?
181 第24节 在公共浴池和卫生间需要注意什么?
182 第25节 艾滋病很可怕吗,什么是艾滋病?
186 第26节 啊欠!我过敏啦?
188 第27节 上课时总是打哈欠,怎么办?
189 第28节 不爱吃蔬菜就会缺乏维生素吗?
191 第29节 学校体检要做准备吗?

破茧化蝶——
啊，我的美丽青春期

  我的身体在悄悄地发生着变化，晚上自己照镜子的时候，发现胸部竟然鼓起来了，穿上紧身衣的时候越来越明显了，真是觉得很不好意思呢！妈妈说我已经开始发育了，还说这是老天送给我的美好礼物。可我还是有点紧张，唉！身体上的好多变化现在对我来说真的是很烦心啦！

  最近发现班里的女孩也像我一样，出现了很多的变化，我们都有好多好多的问题，可是没人帮我们解答，这些问题成了我们心里的秘密。

  我们似乎每个人的变化又不太一样，有的声音变了，有的胸部变大了，还有一些让我们难以启齿的事情，难道长大就是这样的吗？

第 1 节　我进入青春期了吗?

> 妈妈说我进入青春期了,这是真的吗?可我现在还没有搞懂什么是青春期哩!

祝贺你! 针对你上面说的身体变化,你已经进入了青春期。这是一件值得开心的事哟,妈妈说的没错,这是老天要把你变成美少女的过程啦! 好好珍惜呵护这个时期的自己吧! 有很多的知识需要提前知道呢!

青春期是你从儿童发育成为一个成年人的过程。女孩一般从 10 ~ 12 岁开始。男孩要比女孩晚两年,也就是 12 ~ 14 岁的年龄。

进入青春期之后,女孩身体和心理上都会有很多变化。生理上会逐渐成熟,这是一个非常神秘的过程,会有很多的惊奇! 不用担心! 让我陪你一起迎接你的青春期吧!

第 2 节　男孩子也会有青春期吗？

男孩会和女孩子一样有青春期吗？身体也会有什么变化吗？

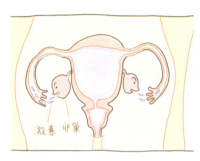

决定青春期生长发育的是性激素，性激素的分泌是由性腺完成的。性腺可是男孩女孩一出生就有的哟！但是它要等到女孩进入青春期之后才开始活动，这时它开始分泌性激素啦。女孩的性腺在卵巢里面，而男孩的性腺则在睾丸里。

性腺在青春期之前能同时产生两种性激素：雌激素和雄激素。雌激素使人产生女性特征，雄激素会使人产生男性特征。在男孩、女孩很小的时候，身体里都含有少量的雌激素和雄激素，所以在六七岁的时候，男孩和女孩的声音和外形没有明显的区别。当你们进入青春

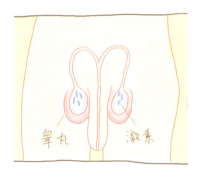

期之后，在垂体分泌的激素作用下，女孩子体内突然增加了雌激素，超过身体里原有的雄激素，这样女孩就出现了乳房发育、月经等女性特征。男孩正好相反啦，体内的雄激素超过雌激素，所以他们会表现出男性特征。也就是说性激素的增加，让男孩、女孩们开始了各自的青春期发育。

第 3 节　青春期会持续多久啊?

我的身体发育有什么顺序吗？先发育哪儿？后发育哪儿？我的青春期什么时候才会结束呢？

女孩发育都是有顺序的，班里的其他女孩也会按照这样的顺序发育，只是时间上有早有晚：

 9~10岁：骨盆开始增宽，乳晕突起，就像是含苞待放的花朵。

 10~11岁：乳腺开始发育并慢慢变大。

 11~12岁：开始长出阴毛。

 12~13岁：乳房的增长更加明显。

 13~14岁：出现腋毛，汗毛会加重，月经初潮。

 14~15岁：骨盆加宽会很明显，月经周期也渐渐变得规律了。

 16~17岁：开始排卵，生殖器官逐渐发育，这时骨骼会闭合，停止长高，身体开始向成熟期过渡。

宝贝不要着急嘛，每个女孩的身体发育情况不同，所以青春期结束的时间也是不一样的。通常的情况下，青春期的时间是10~20岁，在18~20岁青春期会结束，那个时候你就是成年人啦！

这个过程最长会经历10年的时间呢，所以你要放松心情，合理增加营养，不做挑食的女孩子，只有这样度过青春期之后，才能变得健康又漂亮喔！

第 4 节　为什么我的胸鼓起来了？

我的胸部变化好大耶，总觉得男生在偷看我，看到女孩们在一起偷笑就想是不是在笑我，更不敢挺胸，好烦呀！我该怎么办呢？

进入了青春期，胸会逐渐长大啦！女孩进入青春期之后，在体内雌激素的影响下，乳腺就开始发育了。乳房里有许多细长的乳腺管开始发育，另外还积累了很多脂肪，乳腺组织比较硬而脂肪组织比较柔软，所以乳房会渐渐地突起并且富有弹性，这说明你在一天天地变成熟呢！面对这些变化男生也许会觉得好奇！你不必觉得不好意思，更不用躲藏，要正视别人对你的好奇，他们的身体也在发生和你差不多的变化，只是时间上的问题，你不必太在意他们的看法，要做自信的女孩哟！

可千万不要因为难为情而总是低头含胸，这样会影响身体的正常发育哟！过度含胸会让你变成驼背女孩的！

第5节 胸部为什么胀胀的，还有些疼？

为什么胸部会胀胀的，还有些疼呢？很怕不小心碰到，好痛的！

乳房胀痛是正常发育的生长痛现象，不用太担心！

你的乳房现在刚刚发育，乳头周围颜色较深的部分开始隆起，这时就会觉得胀胀的、痒痒的，用手按压或不小心撞到了会感到疼痛，不过这些都是正常的生理现象，这说

明它在生长呢！随着乳房发育，乳腺管与皮下脂肪一天天地增多，乳晕周围的肌肉也会跟着发达起来，这时乳晕和乳头的颜色会变得越来越深，乳房慢慢长大，胀胀的感觉也会逐渐消失，碰到也就不会痛了。

一定记住不可以用手捏挤或搔抓，等到长成像姐姐那样时，就发育成熟了。想到像姐姐们那样有漂亮的胸部，就会开心了吧！忍一下喽！拥有一对健美的乳房可是女人的梦想呢！

第 6 节 同桌的胸部为什么没有变化呢？

我的胸部一直在变大，可是小美的胸部却好像没有什么变化，为什么我们的胸部发育不一样呢？

这是因为女孩乳房的发育时间是有差异的，这与日常饮食有关，更和父母的遗传有关。如果母亲的乳房较大，孩子较大的概率就大些。就像父母比较高，孩子也会高的道理一样！有些女孩八九岁乳房就开始发育了，而有些女孩却到 12 岁或更晚才开始发育。还有，你们不仅发育的年龄会不一样，发育的速度也可能会不同呢！你同桌的乳房发育得晚，但可能会发育得较快；而你的乳房发育得较早，却有可能发育得较慢哟！

第 7 节　这算是早熟吗？

> 乳房发育早，并且还比同学大，我和她们说了有关乳房发育的知识，同学们却笑说我早熟，我也搞不清楚了，我是真的早熟吗？

哈哈，她们说的不对，7岁前有明显乳房发育或者是在9岁前来月经，才是早熟的表现。

同学所说的早熟应该是指你青春期知识懂得多。你现在已经进入了青春期，青春期知识是这个时期的女孩子应该掌握的，是让自己成为一个优秀女孩所必备的。所以你并不是她们所说的早熟，其实你应该为自己提前懂得这些知识而自豪哟！

第 8 节　乳房里有硬硬的东西，这正常吗？

今天洗澡的时候，感觉乳房中有硬硬的东西，这是什么呀？

不用太紧张哟！青春期女孩的胸部有硬珠样的东西是比较正常的，这是因为处于青春期的女孩身体里的雌激素刺激乳腺组织过度增生引起的，也是没完全发育造成的。珠状硬块会随着你的成长而慢慢地消失，你自己要多注意观察它的变化，如果出现疼痛难忍的状况，就要让妈妈带你去看医生了。

第 9 节　怎样做乳房自我检查？

听说女孩的乳房是要经常检查的，可是怎么样自检才是正确的呢？

乳房自检要在每个月的月经过后进行。

举起双臂，观察双乳房皮肤、乳头、轮廓有没有什么异常，看看是不是有局部隆起的现象。

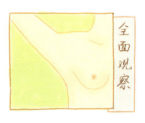

双手放在腰上，对着镜子观察双乳房外形是不是正常，两乳头是不是对称。

左手触摸右乳房，从上面顺时针方向轻揉按压，用手指摸摸有没有肿块，然后再用同样的方法检查反侧。

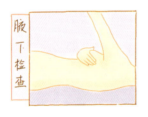

平躺后举起右手臂，左手触摸右腋下有没有肿块，然后用同样的方法检查左腋下。

如果发现有不正常状况，就需要去医院让医生帮忙做详细的检查了！

第10节 乳头为什么会有乳白色的东西呢?

今天觉得乳头痒痒的,稍微挤了一下乳头就有乳白色的东西被挤出来,感觉有点黏黏的,这是什么东西呢?

乳白色的东西是乳房的分泌物,其实乳房正常时也会产生组织液或者分泌物,有的会由身体自己吸收掉,有的分泌物经过挤压会出来,这都是很正常的现象,所以不用担心啦!

如果发现分泌物有血状或者发黄有异味,乳房同时有红肿现象的话,就可能是乳房发炎了。要是白色像乳汁的分泌物每天都有而且还很多,就有可能是脑下垂体刺激泌乳激素而出现的分泌物。

如果发现乳房的分泌物异常,一定要告诉妈妈,让妈妈带你去医院检查才行哟!

第 11 节　两个乳房的大小怎么不一样？

今天和小美一起游泳，她的乳房看起来大小不一样呢，这是什么原因呀？

每个人的乳房形状虽然大体上是一样的，但是也会有细微的差别哟！而且女人的胸部完全一样的可是比较少的呢！一般来说左侧乳房要比右侧乳房稍大一些。其实人体的很多器官表面上是左右两侧对应的，但实际上并不是完全相同和对称的，比如你的两只眼睛、两只手都可能会有一些细微的差别，就算是你最喜欢的超级明星也不例外哟！

正在发育中的女孩，可能会因为一侧乳房对雌激素的敏感性强于另一侧，所以敏感一侧的发育就会比另一侧快，这样就使两侧大小不等。等到青春期过了，小美的乳房发育成熟了，两侧乳房的大小也就没什么太大差距啦！

第 12 节 有什么办法让乳房变对称？

乳房大小不一样如果是因为发育的原因，有没有什么办法能改善这种情况呢？

好呀，现在我教你几种有助于乳房发育的运动和按摩方法吧！

运动方法一：

1. 将背部伸直，然后抬头挺胸，双手合十放在胸前。

2. 彻底撑开肘部，始终保持让胸部用力的状态，这时在手心上用力，相互推压缓慢地向左右移动。当手到达中心位置时，进行吸气。

3. 左右交互动作 10~20 次，胸部较小的一侧多做 10~20 次。

运动方法二：

1. 双手向内曲肘，下手臂重叠在胸前呈口字型。

2.上手臂带动缓慢向上提高到额头前方,然后再放回到原来的位置,这样上下来回进行长期练习。

无论哪一种方法,都会达到很好的效果。

按摩方法一:

用手旋转按摩比较小的一侧乳房,然后再纵向按摩,最后横向按摩,三种方式一共按摩3分钟就可以啦。

按摩方法二:

坐立或者仰卧都可以,弯曲中指或食指对乳房进行叩打。力量由轻变重,再由重变轻,但是用力要适度,不要对乳房造成伤害哟!

第13节 我怎么没有乳头呢?

我的乳房虽然一天天在突起,可是为什么却没有像妈妈那样的乳头呢?我不会永远没有乳头吧!

呵呵,傻丫头,你怎么会没有乳头呢!是你的乳头内陷了。乳头内陷就是乳头不突出在乳晕的表面,而凹陷在皮面里,这时的乳房表面跟火山口的形状差不多。

因人而异,乳头内陷的程度也是不一样的:

第一种情况是部分乳头内陷,仍可以看到乳头的颈部。轻轻挤压乳头就会出来,且挤出来的乳头大小是正常的;

第二种情况是乳头完全凹陷在乳晕里。虽然也可以用手把乳头挤出来,但乳头比正常的要小些,且看不到乳头颈部;

第三种情况是乳头完全在乳晕下面的情况。这种情况就不能挤出内陷的乳头了。而且凹陷的乳头会积存污垢和油脂,容易引起湿疹或炎症,最好及时去医院检查啦!

第 14 节　怎么样才能让我的乳头不再内陷呢？

> 还好，我是部分乳头内陷，情况不太严重。听说妈妈小时候也和我一样，这个也会遗传吗？姨妈家的小妹妹将来会不会也像我这样，有什么办法可以预防吗？我的问题又该怎么解决呢？

如果你的姨妈也有和妈妈一样的情况，那小妹妹也很可能会像你一样哟，告诉你一种方法帮她来预防吧！

轻轻将乳头向外提拉，每天做 1～2 次。注意动作要轻，如果看到乳头呈圆片状高出皮肤来，那么发生乳头内陷的可能性就会很小了。

你的情况并不严重，可以经常自己牵拉乳头。如果拉不出，就先将乳头周围的皮肤向外推。反复做乳头牵拉可以使双乳突出、周围皮肤支撑力增大，每天多做几次，时间长了，乳头自然就会向外凸起。

贴身内衣要选择棉制品，一定要经常换洗、日光照射。乳头如果有发红、裂口的现象，要将内衣进行蒸煮消毒才行哟！内衣、乳罩要合体，不可以太紧，如果睡觉时有俯卧习惯，应该及时纠正，不要让乳头遭到挤压，避免乳头内陷加重。

第15节 按摩真的会让乳房变大吗？

小美说她最近一直在做胸部按摩，这样可以让乳房变大，这是真的吗？

其实，乳房的大小和你体内分泌的雌激素水平有关系。少女时期乳房还在发育过程中，如果使用了不正确的方式按摩乳房，会破坏乳腺本身结构。再说，这个时期，乳房的大小还没有确定成形，还需要一定的发育过程。

建议你告诉小美：不论大胸小胸，一样可以昂首挺胸！

第16节 我的乳房为什么比同龄人大？

最近体重增加了，身体其他方面发育也很好，只是乳房比同龄的女孩大，这正常吗？

如果你的月经周期是正常的，那就不用担心，乳房大小和遗传及个人的发育早晚有着很大的关系。现在觉得大，不一定是最终的结果，没准在青春期结束后还比同龄人小呢！所以不用担心，只要不是过分异样的大，就不会有什么问题。如因身体过胖引起乳腺发育过度，而造成内分泌太旺盛，乳房就会过大。不要把乳房大当做心理负担，只要多做运动，减少全身的脂肪，胸部的大小也会变得正常啦！

第17节　内衣紧些会不会让乳房变小呢？

可能是最近发育的原因，以前的内衣穿起来好紧，内衣太紧了会不会让乳房变小呢？

内衣太紧当然会让乳房变小了，因为这样不仅阻碍了身体的血液循环，还会抑制乳房的正常发育，严重的还会得乳腺疾病呢！所以那些变紧的内衣马上收起来不要再穿了。赶快去购买适合现在尺寸的内衣吧！

第 18 节　我可以束腰、束胸吗？

真是烦恼，腰围比以前大了许多，漂亮的裙子都穿不进去了，班里的同学有的也和我一样变胖了，还有好多人开始束腰和束胸了呢，不知道这样可不可以？

不用烦恼啦，你要长大的嘛，呵呵，不能到13岁还穿10岁时的裙子呀！不过束腰和束胸的方法是绝对不可取的。

因为青春期的呼吸功能增强，肺活量迅速增大，随着骨骼的发育，胸廓也会不断地增大。这个时候束胸，会影响到胸廓的增大与扩张，阻碍肺的发育，减少肺活量并且影响到呼吸功能。

腹部有许多像肠、胃、子宫、卵巢这样的重要脏器，这些器官都要在青春期逐步发育完善。束腰会影响身体的自由活动，使腹部的血液供应受到限制，从而导致腹腔器官供氧不足，更会影响到腹部器官的生长发育和生理功能。

束胸还会压迫乳房，使血液循环不畅，容易引起疼痛和乳房胀，甚至造成乳头内陷，乳房发育不良等现象。

另外束腰还会影响下肢血液循环，引起下肢水肿。青春期束胸和束腰有百害而无一利，所以青春期不但不可以束胸，还要多多加强胸部肌肉的锻炼，经常做仰卧起坐、收缩腹肌的锻炼就可以让腹部变小，而且对健康也很有益处喔！

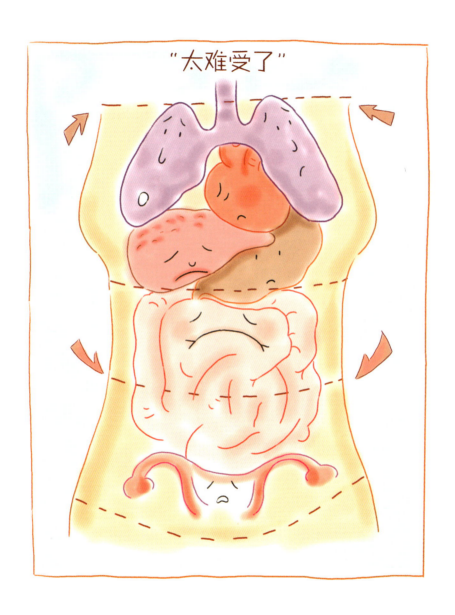

第 19 节　最近能吃又能睡，这是怎么啦？

最近发现自己能吃又能睡，妈妈说我的样子像小猪，如果真的变胖可就麻烦啦，我该怎么办呢？

宝贝不用担心啦，能吃能睡是因为你进入了青春期，现在的你比以前需要更多的热量了，这些都是身体生长发育所必需的。

青春期的女孩体重会增加，但个子也在长高，身体的各个部位都在变化，它们需要糖、脂肪、蛋白质、矿物质、水和维生素，这些能量都来源于你每天吃下的食物，能量都被它们吸收掉了。你睡觉的时候身体也在不知不觉地发生变化哟！它们正在享受你吃下的美味食物呢，好让你快快成长啊，所以不用担心会变胖啦！

第20节 什么是神经性厌食？

小丽最近瘦了好多，一起吃午餐的时候，她总是吃得很少，以前很喜欢吃的菜，现在也不爱吃了。听说她得了神经性厌食，究竟什么是神经性厌食呢？

神经性厌食还叫作神经性食欲不振，这种厌食症的特征是长期厌食、体重明显减轻。得了这种病的女孩大多是因为害怕变胖影响到自己的形体，而有意识地控制平时的饮食。最后容易造成营养不良、体重减轻，严重的还会引起月经紊乱甚至会不来月经呢！

所以女孩们千万不可以因为害怕变胖而刻意的少吃东西，就算是体重超标，也可以选择适当的体育运动加强锻炼来减轻体重嘛！真的像小丽那样得了神经性厌食，到时候爱吃的东西想吃也吃不下，就要生大病啦！

第 21 节　怎么吃才能既有营养又不变胖?

> 我有爱吃零食的习惯，平常看到那些很胖的女孩儿，有点担心呢！

丢掉爱吃零食的坏习惯吧，看一下胖胖的同学和很胖的阿姨，你也想长成那样吗？

一定要做一个会吃的女孩子，才能让身体健康又苗条！让我来告诉你吧！

要喝大量的——水

老话常说女孩是水做的。每天大量喝水，是所有人特别是女孩一定要养成的好习惯。多喝水会清除体内垃圾，让皮肤水嫩不容易长痘痘。

青春期的女孩正是活泼好动的年龄，身体里所需要的水比成年人还要多。每天大约要喝 2000 毫升的水才可以满足身体代谢的需要。女孩们，夏天在参加体育运动之后，就更要给身体多补充水分啦！

多吃水果蔬菜——维生素

在青春期生长发育中，维生素不仅可以预防许多疾病，还可以提高机体免疫力。好的皮肤和健康的身体离不开维生素，你每天所需要的维生素大部分是从蔬菜和水果里获取的。只要多吃些蔬菜和水果就 OK 啦！富含 B 族维生素的有芹菜、豆类。富含维生素 C 的有新鲜红枣和西红柿、橙子。

不能少的——蛋白质

蛋白质是青春期生长发育的基础，身体细胞都是以蛋白质为原料构成的。每天每千克体重需要蛋白质 2~4 克，你所吃食物中的蛋类、牛奶、瘦肉、大豆和玉米都含有丰富的蛋白质。记住吃的时候要混着吃，不要只吃一种哟，这样各类食物蛋白质互相补充，才能营养均衡啦！

长个子的——矿物质

对于青春期的女孩来说，矿物质可是生理活动不可缺少的哩。钙和磷参与骨骼和神经细胞的形成，如果钙摄入不足或钙磷比例不适当，就会使骨骼发育不全。食物中奶类、豆制品里都含有丰富的钙，所以努力补充吧！

运动需要的热量——碳水化合物

你们平时的运动量大，需要的热量也比较多，生长发育也需要许多额外的营养。青春期所需要的热量比成年人多 0.25~0.5 倍，这些热量主要来源于谷类食物，所以多吃饭就可以补充啦！

必不可少的营养成分——微量元素

微量元素在青春期的生长发育中起着很重要的作用。现在开始补锌吧，动物肝脏和海产品中都含有丰富的锌元素喔！

第22节 这是肥胖症吗?

> 我的同学菁菁,这段时间变得越来越胖了,同桌小美问我她是不是得了肥胖症,我不知道,但我真担心自己也会长成那么胖!

菁菁是不是得了肥胖症,要看她的体重有没有超标。其实,青春期肥胖是指青少年身体里脂肪过多蓄积造成体重超标准的现象。一般体重超标10%为超重,超20%为轻度肥胖,超30%为中度肥胖,超50%的话那可就是重度肥胖啦!

在青春发育期间,女孩身体的新陈代谢非常旺盛,内分泌激素分泌也会增多,如果你是一个小懒虫,不爱运动,又爱吃零食,营养一旦过盛,肥胖就可能找上你哟!

这种肥胖可不是单纯的胖呢,运动的时候还会心慌气短,甚至头晕、头痛、血压升高。所以懒虫们多运动吧,同时还要少吃零食哟!

第 23 节　怎样才能远离青春期肥胖症？

看到菁菁现在胖胖的样子倒是蛮可爱的，不过她总是找我诉苦。其实换作我，我也不想有青春期肥胖症的嘛，有什么办法可以帮帮她吗？

宝贝真是越来越懂得关心别人了，这个忙我当然要帮喽！

首先，要合理安排睡眠，不要做贪睡的小猪。一定要多进行体育锻炼，消耗体内的热量。

其次呢！餐前吃一些水果或是喝些汤，少吃主食、甜食和动物脂肪，多吃蔬菜、豆制品和瘦肉。

每餐不要吃到撑，要适度。不能不吃饭来节食减肥，那样会影响身体的正常发育啦！

第24节 想不吃饭减肥，有效吗？

不好了，菁菁想要用绝食法减肥，我记得你和我说过不可以这样减肥的，可是她不听，快来阻止她吧！

我来了！

菁菁，不可以绝食减肥啦，这样做一定会严重影响你的身体发育。而且一旦反弹会更加肥胖！

青春期是女孩身体代谢旺盛的时期，对营养的需要也比以前多很多，身体的营养既要满足生长发育的需要，又要满足学习和活动的需要。绝食会导致蛋白质的摄入不足，使生长发育迟缓，抵抗力下降，智力发育也有可能受到影响，严重的还可能会发生营养不良性水肿呢！

绝食还会造成各种维生素的摄入不足，容易引起口角炎、舌炎、坏血病、夜盲症、身材矮小或骨骼变形等症状。如果造成各种无机盐类及微量元素缺乏，还会直接影响人体生长和性腺发育。

看看吧！绝食减肥后果很严重的，所以菁菁你千万不要进行绝食减肥呀！

第 25 节 怎样才能苗条瘦高？

现在小美比我高了很多，原来我俩的身高差不多。她说是因为她比我运动的多，那是不是我多进行体育锻炼就可以长高呢？

小美说的当然对啦！体育锻炼对你有着N多个好处呢！体育锻炼不仅可以让你的个子长高，还能有效调节内分泌，促进青春期的正常发育。

在体育锻炼过程中，随着体力消耗，分解代谢也跟着加速，从而对生长发育起到促

进的作用。在运动过程中，可以有效促进青春期女孩呼吸系统的发育，提高功能水平。经常参加体育锻炼会让你的呼吸肌发达，胸围扩大，呼吸深度、肺通气量和肺活量等增强，对于各种病菌侵袭的抵抗力提高，这样就能降低上呼吸道感染性疾病的发生。

体育锻炼还可以促进心血管系统发育，运动时心脏工作负荷加大，心率增加，血流量增大，使心肌获得充足的营养，这样全身的血液循环都得到改善哟！

体育锻炼对于神经、骨骼和肌肉等运动神经的发育有明显的促进作用。在你运动时，身体血液循环会加速，使正处于造骨期的骨组织获得丰富的血液供应，得到更多的营养，这样就会加快造骨的进程。所以经常参加锻炼的女孩的身高会比不锻炼或很少锻炼的女孩高许多。

看看吧，体育锻炼有这么多的好处，女孩们快快行动吧，一定能追上小美的！

第26节　天啊，我怎么比男生还要高！

我听了你的话，最近一直都在积极进行体育锻炼，个子真的比以前长高了很多，可班里有几个男生比我运动量大多了，却都没有我高呢？

这并不奇怪呀，因为女孩通常会比男生早进入青春期，进入青春期以后身高一年会增长8厘米，有些人会增长10～12厘米。男生进入青春期的时间大约会比女孩晚两年，男生长身体的时间一般在11～23岁，女孩长身体的时间一般在9～20岁。所以两年后你再看一下，现在那些比你矮的男生就会追上你啦！

第 27 节 我运动比她们多，怎么还是比她们矮呢？

自从我知道了体育锻炼会让我长高，我就加强运动，可是不管我怎么运动，还是比好多女同学矮那么多呢？

你不要急，其实影响青春期身高的因素有很多。

最重要的是父母的身高遗传，父母很高你长高的可能性就很大。父母矮，孩子太高的可能性就较小。另外，还有下面一些原因会影响女孩的身高：

睡眠不足或者是睡眠质量差，会使骨骼发育缓慢而长不高。标准的睡眠时间应该是：7～13岁每天睡10小时，13～15岁每天睡9小时，15岁以上每天睡7～8小时。

偏食也会造成长不高，维生素类、核酸、氨基酸、钙、磷、铁、锌等微量元素是骨骼发育的原料，所以想要个子高，就不可以偏食。多吃牛奶、鱼类、胡萝卜、菠菜、柑橘吧！

生活不规律会造成内分泌系统以及新陈代谢功能紊乱，会使身高增长缓慢，这不仅会影响到身高，还会引起生长缓慢、失眠、健忘、视力衰退、暗疮、胃肠消化不良等状况以及痛经、月经不调等生理性疾病，所以调整好机体系统功能非常重要哟！

不爱运动，会让人体质较弱，容易引起生病。如果病情严重，没办法进行适当的运动，还会影响身体的全面发育呢！

不开心的事情不及时想办法解决，压在心里也会造成性格内向、情绪低落，体内代谢缓慢，影响发育进度。性格暴躁的女孩，营养成分代谢太过旺盛，也容易导致身体发育缓慢。另外，睡懒觉、行走坐卧姿势极不协调等不良生活习惯，都会给身体发育带来不利的影响。这些千万要注意哟！

第28节 我什么时候会停止长高?

我听姥姥说,女孩来了月经之后就不会再长高了,真的是这样吗?

哈哈!姥姥的这种说法是不对的哟!月经初潮和身高并没有直接的关系。恰好相反,月经初潮过后的一两年内,是身高长得最快的时期。

来了月经之后,你要保证充足的睡眠,牛奶、瘦肉、鱼、各种绿色蔬菜都要吃一些哟,另外要少喝碳酸饮料。一定要坚持适当的体育锻炼,这样将来你身高就不会有问题的!

第29节 身高和体重怎样才是标准的呢?

我现在13岁,身高1.58米,体重50公斤,这是不是正常的呢?不同年龄段的身高和体重比例有没有什么标准呢?

女孩身高、体重正常的标准是这样的:

年　龄	身高(米)	体重(千克)
10~11岁	1.2~1.5	19~35.5
11~12岁	1.23~1.53	20~40
13~18岁	1.53	44
	1.55	44.8
	1.57	45.7
	1.59	46.9
	1.61	48
	1.63	49.2
	1.65	50.5
	1.67	51.6
	1.69	52.9
	1.71	54.3
	1.73	55.7
	1.75	57
	1.77	58.9
	1.79	60.6

另外还可以用 BMI（身体质量指数）体重指数计算方法，计算你的体重是不是超标。

例如：一个女孩的身高为 1.75 米，体重为 68 千克，那么她的

BMI = $68 / (1.75)^2 = 22.2$

BMI 指数为 18.5~24.9 为正常

BMI < 18.5 为消瘦

BMI ≥ 25.0 为超重

第30节 脸上为什么会长出小痘痘？

不好了，最近我的脸上长了好多的小痘痘，这到底是什么原因呢？好难看呀！

这叫做青春痘，是不是像小米粒一样大小，顶端有一个黑点的东西，挤压一下还会出现乳白色的分泌物？这都是因为青春期性腺活动增加，雌激素分泌增多以及皮脂腺分泌的皮脂过多，结果大量的皮脂排泄不出去，就积聚在毛囊口。遇到细菌来侵，毛囊口的皮肤发炎也就形成了痤疮。你可不要用手去挤压痘痘啊，如果引起化脓发炎，脓疮破溃会形成疤痕和色素沉着的，这样可就很难恢复了！

第31节 怎样才能让皮肤光洁水嫩?

快帮帮我吧,那我脸上长的一定是青春痘了!我该怎么办呀?

好吧,这要看看你是哪种原因长的痘,然后马上改掉这个坏毛病! 就会有好转了!

第一种原因:如果你平时挑食,不爱吃青菜和水果,总是喜欢吃肉、油炸食品或是甜食,这样就很容易长痘痘。

第二种原因:吃多了泡面也会长痘痘的哟!

第三种原因:如果你总习惯性地用手抠脸,也容易长痘痘。

第四种原因:平时你经常洗脸吗? 一天洗脸不足两次以上就容易长痘痘。

第五种原因:流汗后没有立即擦脸,汗水有利于细菌繁殖,所以也容易长痘痘。

第六种原因:经常熬夜超过11点才休息,可能也是长痘痘的原因之一。

第七种原因:平时很少喝水,肌肤缺水也容易长痘痘哟!

第八种原因:枕套、枕巾及时更换才行,不然细菌乘虚而入,你的小脸就容易长出痘痘。

第九种原因:经常被太阳晒,皮肤不仅受到紫外线的伤害,还会使汗腺及皮脂腺的分泌活跃,阻塞毛孔,这样容易长出小痘痘。

第32节 怎样做才能消灭痘痘？

脸上长了痘痘真的好难看，我用了许多祛痘的产品，可是它还在继续生长，我该怎么办呢？

祛痘的产品可不能乱用，小心给皮肤造成伤害，其实只要记住下面几个要点，就不会再长痘了哟！

第一，洗脸时要用温水。因冷水不容易去掉脸上的油脂，而热水又容易促进皮脂分泌。

第二，洗脸时不要用刺激性香皂，护肤品不要选择油脂类的。

第三，多吃水果蔬菜，少吃辛辣的食物。

第四，保持愉快心情。

第五，早休息，多运动。

第六，出痘痘时尽量不去游泳，防止泳池的消毒剂对皮肤产生刺激，化脓发炎就可能会留下疤痕啦！

第33节 应该怎样进行皮肤护理呢？

按照您教我的方法，最近我脸上的青春痘少了许多，现在我明白了健康才是最美的，可是我该怎样进行日常的皮肤护理呢？

痘痘不见了，皮肤保养也就简单多啦！只要天天做到下面这几点，保证你变成美丽小公主：

一、每天要注意保持皮肤的清洁。出门前要涂防晒霜，洗浴或洗脸后要擦润肤品，和家长一起根据自己的皮肤情况选择合适的护肤用品。

二、少吃辛辣食物，多吃红枣、橙子、桂圆等含有丰富维生素的水果，另外还要多吃蔬菜、多喝水，保证皮肤所需水分。

三、经常用冷水洗脸、多晒日光浴，这样可以增强皮肤的抗病能力。

四、有痤疮感染或皮肤病时，要及时看医生，不要自己挤或随便使用药物，以免造成感染，影响皮肤健康。

第 34 节 脸上长了雀斑，怎么见人呀？

> 我的脸上长了小斑点，好难看呀，这个样子怎么见人嘛！有没有什么好办法快帮帮我吧！

雀斑是由于色素沉着才形成的，对身体健康并没有影响。雀斑大多长在双颊、脖子和手背上，还有的会长在手臂的外侧。它会随季节而改变，夏季增多，冬季又会减少。如果你很小的时候就有一点雀斑，那么到了青春期就可能会明显增多。

遗传因素是产生雀斑的原因之一，如果爸爸妈妈有雀斑，或者爷爷奶奶、外祖父祖母有雀斑就可能会遗传给你。这样可不太容易除掉啦！如果是因为皮肤对阳光敏感而产生的雀斑，那么在阳光充足、特别是在夏季要尽量减少外出，外出时应戴太阳帽或者遮阳伞，这样会减少雀斑的生成。

其实脸上长些小斑点也没什么呀，在其他一些国家女孩脸上的雀斑可是活泼可爱、天真烂漫的标志呢！雀斑又不会影响健康，况且女孩子的美丽在于活泼开朗、充满朝气，几个雀斑不必太在意啦！如果因为这个产生自卑心理就更加不对了。

第 35 节　我的声音怎么出问题了？

我最近觉得我的声音好像和以前有些不一样了，变得又高又细，这是怎么回事？

对呀，声音发生变化也是青春期的一个重要表现，这个时候你的声带会增长变窄，所以发音频率比以前增高，声调也随着变高而且尖细，这个时期就是变声期。女孩一般在 11～13 岁之间进入变声期，时间在六个月到一年左右。变声期的声音改变是很正常的现象，并不是生病了，所以你不要有心理负担哟！

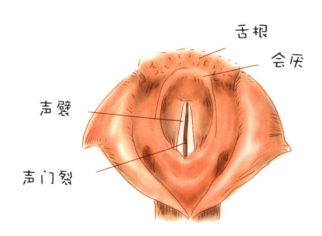

喉口后视图

PART 1　破茧化蝶——啊，我的美丽青春期

第 36 节 怎样让我的声音不再沙哑？

> 这几天刚好是经期，我的声音好像和平时有些不一样呢，有些沙哑，这是什么原因呢？

女孩的月经周期变化受女性性腺分泌的激素控制。月经期你的性腺激素分泌发生了变化，声带分泌物增多或充血、水肿，所以经期时嗓音会发生不同程度的变化。声音闷暗、沙哑或者是有破裂声，这些都是音色发生了变化。还有声调的变化，一般音调变化在 1～2 度。另外可能会出现起声困难、音量较小、声音发生障碍等现象。

我前面说的这些声音的变化，有的发生在经期中，还有的会发生在经期前一周左右。只要你在经期保护好嗓子，多喝水，这种变化就会减轻很多啦！

第 37 节　能让声音像歌手一样动听吗？

> 有什么办法能让嗓音变得优美动听呢？长大了我想要做歌手哩！

值得鼓励的梦想！如果想要嗓音优美动听，不仅要在经期注意保护嗓子，平时也有许多注意事项：

一、增强身体的抵抗力。一定要经常锻炼身体，注意营养均衡，这样身体有了很强的抵抗力，咽喉的健康也就有了保证。

二、口腔卫生要注意。

口腔如果不清洁干净，细菌就会跟食物、唾液带到咽腔，容易引起咽喉的炎症。所以一定要养成饭后漱口、睡前刷牙的好习惯哟！

三、注意要少吃辣椒、胡椒粉等。这类辛辣刺激性食物最容易刺激咽喉，影响嗓音的健康。

四、做好感冒的预防。很多的咽喉疾病都和感冒有关系，所以平时一定要注意增减衣服以防感冒。在感冒盛行的季节，去公共场所最好戴上口罩。

第38节 女孩会像男孩那样长喉结吗？

> 班里好多男生都长了喉结，我们女孩也在担心会不会也长喉结啦！

看看妈妈有没有喉结呢？当然是没有了！

其实女孩也不是不会长喉结，只是极少数而已。

人的喉咙是由十一块软骨作为支架而组成的，其中最主要、最大的一块叫甲状软骨。进入青春期后，男生的雄激素分泌增加，两侧甲状软骨板的前角上端也会随着迅速增大，向前突出也就形成了喉结。

爸爸、妈妈的喉结大小有时会遗传给子女。如果爸爸的喉结特别突出，那么女儿的喉结也可能会比别人突出些。

如果女性内分泌机能不足，也会出现喉结突出的现象。正常情况下，女孩体内占统治地位的性激素是雌激素，雄激素的含量相对较少。但是由于体内病变，如脑垂体肿瘤、卵巢功能减退等原因而引起内分泌失调，这时体内雄激素的含量就会相对增多而使喉结突出。

还有就是太瘦的女孩颈前部的脂肪和肌肉组织不发达，所以看起来喉结是向前突出的。

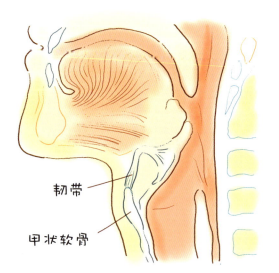

第39节 女孩也会长胡子?

同学里的女生有的长有毛茸茸的小胡子,好奇怪,怎么会有女生长胡子呢?

呵呵,你一定不知道,其实女孩有时也会长胡子。

如果女孩的精神压力太大,日常生活没有规律,就会让身体的雌性激素分泌受阻,这时体内的雄性激素就会使女孩长出小胡子。长出小胡子后千万不可以用镊子拔,那样会伤到皮肤而且会让胡子越来越浓,更不要随便使用脱毛膏啦!其实这样的小胡子对健康没有大的影响,只要适当地进行精神调节就会好起来的。

另外,如果女孩的肾上腺性激素分泌过多也会长出胡子。如果女孩子的胡子非常明显严重,就需要到医院进行检查,然后对症治疗了。

第40节 呜……我下面怎么会长毛毛啊?

不好了,我的小便处附近长出了许多奇怪的小毛毛,这是什么呢?想问问小美有没有长,可是又怕她笑我。

别担心,宝贝,这是很正常的啦!你下面长出的小毛毛叫做阴毛,每个女孩都会长的!

女孩一般从 10 ~ 13 岁开始,外阴就会出现少量柔软的阴毛,以后数量会逐渐增加,颜色也会逐渐加深。也有的女孩会在月经来潮之后或 18 岁以后才长出阴毛来。也就是说当你的生殖器官发育逐渐成熟时,外生殖器附近就会开始长出阴毛来了。

阴毛其实是保护你身体的卫兵,它能吸收外阴部分泌出来的汗和黏液,向周围发散。人体阴部汗腺管粗大而且丰富,出汗量也比其他的地方多,因为位置隐蔽所以很容易透气不良,阴毛这时就可以起到通风换气的作用。外国人给长有阴毛的部位起了很好听的名字,叫做维纳斯丘。它可是你更加成熟的象征哟,你应该高兴才对嘛!

第41节 阴毛好奇怪，它会长多长呢？

> 我还是觉得阴毛长的有些怪怪的，不知道会长成什么样子？

其实每个女孩阴毛的形状并不是一样的，有倒三角形、盾形、长方形、倒梯形等等。阴毛是性发育的标志之一，通常和乳房发育的时间差不多，主要有以下几个阶段：

第一阶段：11岁以前，这时还没有阴毛生长，仔细观察可以看见细细的茸毛，颜色也很淡。

第二阶段：11～12岁，阴毛在性激素刺激下开始萌生，阴部会逐渐出现颜色比较浅、稀疏软直的阴毛。

第三阶段：12～13岁，阴毛变密、变硬、变粗，长度也增加了，而且会有些卷曲，颜色也变深了，逐渐覆盖阴部的三角区。

第四阶段：13～14岁，继续变得浓密，有些像成年女孩的样子了，只是阴毛还没有扩展到大腿内侧。

第五阶段：14～15岁，浓密的阴毛把整个外阴遮卷起来，直到达大腿内侧，这时的阴毛就已经生长成熟了。

你的阴毛应该是在第四阶段，所以还要继续生长呢，将来就会和成年女性一样了！

第42节 我腋下居然也会长毛?

最近不光下面长出了毛毛,腋下也长出了毛毛,这是为什么呢?

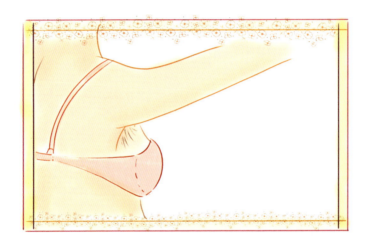

  腋毛其实是和阴毛一样的,是你的肾上腺开始分泌雄性激素的结果。女孩一般是在 14~15 岁的时候出现腋毛,这也是进入青春期的一个标志。

  每个人都长腋毛,它能帮助吸汗以避免汗水往下流。其实腋毛还有许多作用呢!它可以保护人体皮肤不受细菌和灰尘的侵袭。当手臂做运动时,腋窝的周围皮肤间会有摩擦力产生,这时腋毛就起到了缓解皮肤摩擦的作用,以保护腋窝皮肤不被擦伤哟!

第43节 可以剪掉腋毛吗?

我喜欢穿裙子,可是穿吊带裙子的时候,腋毛总会露出来,好难看,我可不可以剪掉腋毛呢?

腋毛最好还是不要剪掉,因为剪掉或是刮掉腋毛,都不能阻止腋毛正常的生长,而且还很可能被腋窝的细菌感染,这样就损害自己的健康了。脱毛膏就更不要用啦,如果用了脱毛膏,那下次腋毛再长出来的时候会比上一次的更浓更长呢,其实我觉得让它自然生长挺好的!

第44节 我的汗毛为什么变多变黑了呢?

以前我皮肤上的汗毛根本看不出来,可最近皮肤表面的汗毛好像变重了许多,小美的汗毛好像没什么太大的变化,这是什么原因呢?

汗毛主要是因为受到雄性激素影响才会开始生长,因此它会因人而异。你现在正处于青春期,所以雄性激素的分泌也会比以前有所增加,当身体内的激素作用于毛囊,就会使毛发生长旺盛,所以这时候汗毛变重是很正常的。

第 45 节　腋毛多是多毛症吗？

和小美一起游泳时，小美总是笑我的腋毛太多，她就没有那么多。听说有一种叫做多毛症的病，我是不是得了多毛症呢？

多毛症是指汗毛密度比较多而且长，超出正常生理范围。如果女孩得了多毛症，脸上、腋下、腹、背、阴部以及四肢的体毛就会明显增多、很长而且还很粗很黑。还有些得了多毛症的女孩还会长胡子，胸部和乳头上也会长毛，还常常伴有月经不调等现象。其实很少会有人得多毛症的，通常都是毛发稍微浓密了一些！如果没有异常的生理现象是不需要治疗的。

相信你应该明白了，你的腋毛很正常，只是因为每个女孩发育的时间和体质不一样，腋毛也就同样有着轻、重、多、少的分别，这根本就不是多毛症啦！

第46节　有的女同学怎么越来越像男生？

班里的一个女同学越来越像男孩子，体型、声音都好像，为什么会这样呢？

当女孩出现了乳房变小、月经稀少或闭经、多毛、痤疮、声调低沉、长胡子、喉结增大、阴蒂肥大等现象，这些都是因为肾上腺生成的雄激素大量增加而引起的，比较严重的话需要进行手术治疗才行呢！不过这种情况很少的啦！不用担心！

第47节 我怎么才能有漂亮头发呢?

> 我的头发很不好,又干又黄,怎么样才能让我的头发变得健康又漂亮呢?就像洗发水广告里的头发一样!

青春期是头发生长的高峰期,想要让头发健康漂亮,一定要做好头发的护理哟!

保持头发的清洁,养成勤洗头发的好习惯。

用质量比较好的洗发用品,并养成用护发素的好习惯。

不要用金属、硬塑料做成的梳子,那样梳头时容易产生静电,所以在梳头时应该先用少量的水或护发素打湿头发,然后再梳理。头发梳理不顺畅时,不要用猛力拉扯头发,以免头发拉断或受到损伤。

尽量不要烫发和经常使用电吹风,这样会加速头发侵蚀,出现头发分叉和断裂等现象,对头发造成严重的损害。

科学地用脑、保证充足的睡眠时间,如果大脑过度疲劳,也可能会造成神经营养不良性脱发。

平时多吃蔬菜和水果,少吃油条、煎饼等油炸食品以及香肠、奶油、乳酪等高脂肪食品,这些食品会刺激皮脂腺分泌油脂,让头发发臭。

学会了上面几点护理头发的要点,相信你的头发很快就能变得健康又漂亮啦!

第48节 能不能像妈妈一样化妆呢?

今天小美涂了漂亮的指甲,嘴上还涂唇彩,后来被老师批评了,让她马上清洗掉,说学生时期是不能化妆的,可这是为什么呢?

女孩子在青春期如果不是特殊需要就不要化妆,这个时期的皮肤还很娇嫩,而大多数化妆品都是由化学物质合成的,使用不当会破坏皮肤的保护层。另外这个时期皮脂腺分泌比较旺盛,化妆品还特别容易堵塞皮脂腺,影响代谢物质排泄,容易引发小痘痘或者加重痤疮,一旦痤疮感染,就会在脸上留下疤痕,那样可就不漂亮啦!

如果要参加演出必须化妆,一定要注意:最好化淡淡的妆,并在家长或老师的指导下用化妆品,以减轻化妆品对皮脂腺的堵塞程度,防止痤疮的产生或加重。尽量选择刺激性较小的化妆品,防止皮肤受到伤害。化妆品在皮肤上保留的时间越短越好,避免影响皮肤表皮透气。

学生时期留长指甲,指甲里的污垢、细菌如果没有及时被清理,就会对健康产生不良影响。

指甲油是化学品,容易对指甲表层造成伤害。指甲油脱落后,你可以看到指甲的表层非常的粗糙不平,要过很久才能长成像平常那样釉润平滑。

其实青春期的女孩儿是一种自然而独特的天然美,那是任何一个成长阶段都无法相比的,就像春天的花蕾,娇艳而含蓄,任何人为的装扮都会破坏这种美丽的纯粹。尽情享受自己的美丽吧,它就像大自然一样,再加任何的着色都是多余的!

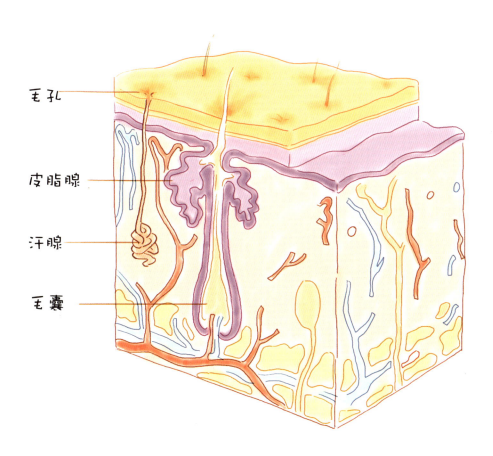

第49节 参加同学的生日派对，能穿高跟鞋吗？

下个周末是小美的生日，她要在家里开生日派对，还请了很多同学来参加呢，一定会很热闹吧！我穿上漂亮的衣服，如果再有一双高跟鞋就会更好了！对吧！

是呀，高跟鞋可是女孩的最爱呢！

但由于处在青春发育阶段的少女，骨骼还没有完全发育好，骨质柔软，很容易变形，所以女孩过早穿高跟鞋容易引起骨盆和足部发生变形。

骨盆是人体传递重力的重要结构，穿平底鞋时，全身重量由全脚来负担，但是在穿高跟鞋时，全身重量主要落在脚掌上，这样就破坏了正常的重力传递。

因此为了健康，就算是成人后，也不能长时间穿高跟鞋。为了自己的健康可以选择一双漂亮的平底鞋去参加小美的生日派对，祝你玩得开心哟！

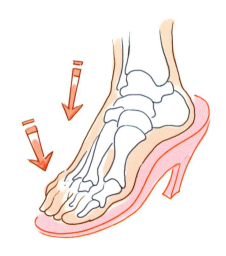

第50节 不化妆、不穿高跟鞋，怎样打扮才美丽？

青春期的美丽应该是健康阳光、自然活泼的，可不是你想要的那种成人化装扮。青春期的女孩虽然长高了，比以前成熟了，但是肩背还很窄，胸廓也还小，心肺功能、肌肉和身体的耐力还比较差，如果肢体发育和内脏器官发育不平衡可就无法谈美啦。所以需要多参加体育锻炼，比如跳健美体操、游泳都是不错的选择哟！

想要变美丽，还得多注意日常生活中的站立、坐卧、行走的姿势。

坐的时候不要左斜右靠，双膝自然并拢，最好是把双腿平放或向一侧斜放，不要跷二郎腿。双脚乱蹬或者不停抖动，这样可不够端庄优雅哟！

站立时身体要自然放松，双肩平行，不要做耸肩、缩肩的动作，保持挺胸、收腹、抬头，平视前方。

睡觉时平躺或者侧卧可以根据个人习惯，但最好是选择右侧卧位，这样不会压迫心脏。枕头不要太软，双手不可以交叉压在胸前哟，这样会影响呼吸！

行走时双臂要自然下垂放松，挺胸收腹，自然行走，不要故意摇摆身体、扭动腰臀。

如果可以长期保持正确的坐、立、行等姿态，脊柱就不会弯曲异常，形成自然美丽的体态，这样的阳光美少女，还用高跟鞋和化妆品来装扮吗？

PART 1 破茧化蝶——啊，我的美丽青春期

成熟开始季——
唉，我的生理周期

PART 2

生理周期对于我来说是一件奇怪又麻烦的事情，每到这种时候我就非常紧张，总是担心发生一些问题，紧张而困惑的心情无法平静，连课也听不下去了。怎么才能像大人那样轻松地把这些事情做好呢？

第 1 节　天呀！我的下面出血啦，怎么回事？

今天在卫生间，发现内裤上有发黑的血，天呀！这是怎么回事？我生病了吗？好害怕呀！

不用担心！这是件值得爸爸妈妈为你庆祝的事情哟！因为从今天开始你已经从一个儿童变成少女了！就像是小蝌蚪长大开始变成小青蛙了。哦！这是比喻男孩子的，对了，你就像蛹变成美丽的花蝴蝶了！

女孩子发生这种事情，我们叫做来月经，女孩第一次来月经，叫做月经初潮，这可是你进入青春期的重要标志之一哟！月经初潮一般是在 10～16 岁，每 28～32 天来一次，每次流血时间是 5～7 天，前 1～3 天经血量会比较大，这些都是正常的。

因为是每月出血一次而被称为月经，月经通常被人们称为月事、例假，更有人把它叫做"大姨妈"！

你不用担心啦！女孩子第一次来月经，是会感觉有些别扭，其实不必紧张，这和我们每天都要上厕所一样，是正常的生理现象。

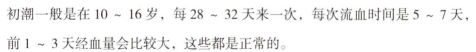

第 2 节 第一次来月经，身体会有什么先兆？

> 自从知道我来了月经以后，小美就担心自己哪天也来了，第一次来月经之前身体有没有什么反应呢？

月经是很自然的生理现象，所以不必太紧张啦！月经初潮前的女孩，生长比较迅速，食欲比以前增加，乳房发育隆起，时有疼痛，阴毛、腋毛开始增加，白带增多，颜面红润，偶尔会有腹部、腰部不适的现象，这些现象都是初潮即将来临的预兆。

不过这些现象也是因人而异的，不一定所有女孩都会出现，你告诉小美不用担心，用乐观的心态去迎接它的到来就可以啦！

第 3 节　来月经之前，需要做哪些准备？

> 我好像有了您说的那些现象了，我该做哪些准备呢？

你需要对月经初潮时并发的腰酸、嗜睡、疲劳、乏力等不适做好充分的心理准备，只要避免惊慌，减轻心理负担就好啦！

先去超市认识一下卫生巾和卫生护垫吧，这些都是来月经时必须用到的哟，让妈妈或者阿姨帮你选择一种适合你年龄的卫生巾，最好选棉质的！平时在书包里准备几片单片包装的卫生巾，以备急需。如果包装破裂就不要用了，以确保它干净卫生。

卫生巾的使用方法当然有必要先学习一下：打开卫生巾的包装，揭去背胶处的保护纸，把卫生巾直接粘在内裤里面合适的位置上，如果你买的是有护翼的那种，还需要把两侧的护翼粘在内裤外侧，如果担心自己的使用方法不正确，那就请妈妈来帮忙吧，你那么聪明肯定一学就会啦！

第 4 节　月经会伴随我多久呢?

从第一次来月经,以后就会每个月都来吗?它会伴随我多久呢?

月经初潮之后,月经每个月都会来一次,但是月经并不会伴随你一生的,等你到了 50 岁左右,它就会走了,并且以后再也不会来了!

第 5 节　为什么只有女孩会来月经?

每个月都有这么几天，真是很麻烦的，到底女孩为什么要来月经呢?

女孩们在进入青春期之后，卵巢开始每月向外排出卵子，卵子经过输卵管进入子宫。子宫为了迎接卵子就把自己内膜变厚、变软、并富有营养。因为卵子的生命周期很短，几天后，它就老死了。这时子宫内膜就会脱落和老死的卵子一起从阴道慢慢排出，这就是我们所说的来月经了！至于男孩子，他们是没有卵子的，所以他们是没有月经的！

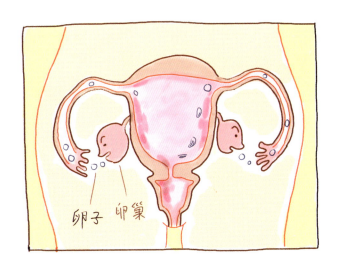

第 6 节　来月经真的是件倒霉的事吗？

> 班里的女孩都觉得来月经是件倒霉的事，想想也是，来了月经就不能游泳，坐在椅子上听课的时候浑身都觉得别扭！

我不太赞同班里女同学的说法哟，来月经才不是件倒霉的事呢！来月经不仅像我上次所说的，是女孩逐渐成熟的象征，还对你的身体有许多好处呢！

人的身体积聚过多的铁会导致皮肤、关节、心脏、肝、胰岛等位置的病变，但这些病变很少会发生在女孩身上，主要原因就是女孩月经周期性的失血刚好消耗掉了过量的铁。另外月经使机体经常性地失血和造血，让女孩的循环系统和造血系统都得到了锻炼，在同样失血的情况下，女孩和男孩相比，女孩则可以更快制造出新的血液以补充流失的部分！知道了这些，你们还觉得月经是不好的事情吗？

第 7 节　怎么样才能算出下个月哪天来月经呢？

月经是不是在每个月的同一天来呢？怎么样知道自己下次应该哪天来月经呢？

月经是在卵巢激素的周期性作用下，子宫内膜功能层出现周期性变化，每 28 天左右发生一次内膜剥脱、出血、修复、增生和分泌，成为一个月经周期。所以从这一次月经的第一天算起，一般在 28～32 天后会再次来月经，多数人是在 28 天后再次来月经。

举个例子说吧：

比如我的生理周期是 30 天，5 月 5 号月经开始，5 月份是 31 天，6 月 4 号不就是下次月经的预期日吗？

排卵期：从下次月经预测日 6 月 4 号那天起，倒着推 16 天就是 18 号，那天约是卵子出来的时间，也就是约 5 月 18 到 21 号之间的某一天。这段时间叫做排卵期。如果这个时期卵子遇到精子，就会产生一个小宝宝了。当然这都是粗算，会因为你的每月日常作息、身体状况不同造成一定的时间差异噢。

PART 2　成熟开始季——唉，我的生理周期

第 8 节 好担心哟！上课时来了月经该怎么办呢？

> 现在还是觉得来月经是件很麻烦的事情，我总是担心如果上课时来了怎么办呢？一定会很丢人吧？这种想法总是让我心情紧张。

上课的时候来月经，不必觉得不好意思，其实这是女孩们经常遇到的问题。月经都是有规律的，记住上次来月经的时间，算好下次的时间，在下次快来的时候，带着卫生巾随时准备就好了！

如果是在老师讲课的时候来了，可以举手向老师说明有急事需要出去一下，老师都会明白的，这时只要带着准备好的卫生巾去卫生间就 OK 啦！

如果是下课时间来了月经，可以看看同桌或是同班的女生有没有准备多余的卫生巾，相信她们会愿意帮忙的，或者麻烦同桌帮你去学校超市买一下。

这样一来是不是就不觉得很麻烦了？万事总有解决的方法，动一下脑筋，就会想出很好的轻松解决方法！要记住哟！方法总比问题多！

第 9 节　经血有气味，别人会不会闻到呢？

> 我发现经血有一种特殊的腥臭味，会不会别人能闻得到呢？

这种气味是经血混合物即子宫内膜毛细血管中的血液和子宫内膜脱离的组织与子宫颈的黏液、阴道里的白带等分泌物的混合气味。

每当换卫生巾时总是能直接闻到异味，所以对异味也就变得非常敏感。特别是大汗淋漓的夏天，味道就更厉害了，神经就更紧张了。其实别人是不会像自己一样可以闻到这个味道的。

与夏季相比其他的几个季节，经血物质更容易变质，湿气让异味变得更加凝重，因此要勤换卫生巾。至少每 1~2 小时换一次，是解决这个问题的好办法。

女孩们明白了吗？只要及时更换卫生巾，并做到及时清洗下体，就会减轻这种气味。所以，别人通常是闻不到这种气味的。

PART 2　成熟开始季——唉，我的生理周期

第 10 节 这次经血的气味为什么和以前不一样呢?

> 这次经血的气味好难闻，为什么和以前的气味不一样呢?

经血的气味和以前的不一样，很有可能是遗留在阴毛里的经血散发出来的气味，所以除了要按时换卫生巾，更要在睡前清洁阴部。最好是每次上完卫生间之后，用卫生纸擦净遗留在外阴部的经血，可不要因为有气味就用含有香气的卫生纸或卫生巾哟，小心香气里含有的成分对阴部的皮肤产生刺激而引起皮肤过敏。

如果按照上面的方法做都没有什么效果，那就要考虑是不是因为阴道炎等妇科炎症感染而引起异味啦！在月经干净后，到医院做一次妇科检查吧，如果真的是有了妇科炎症也好及早进行治疗。另外，女孩们应尽量少吃高热量的食物，多吃水果、蔬菜、豆类，你会发现，饮食变清淡了身体也会跟着清爽起来了呢！

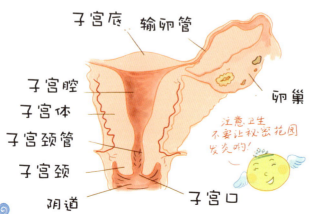

第11节 来月经就可以生小孩吗？

小美不知道从哪里听来的，偷偷告诉我说来月经就可以生小孩，这可真是件奇怪的事情，不知道她说的是不是真的？

并不是来了月经就可以生小孩。但是来月经，女孩子就具备向怀孕的条件发展了，这个时期女孩还没有完全发育成熟，所以一定要学会保护自己。要学会保护自己的身体不受他人侵害，除了家人的正常接触，一定要与其他人特别是陌生人保持距离，这些一定要记住呀！

PART 2 成熟开始季——唉，我的生理周期

第12节 什么样的月经是正常的呢?

> 第一次来月经,以前最害怕那里出血,有时真担心自己会晕倒呢。经血刚开始和快要完了时都是暗褐色的,这样正常吗?

宝贝不用太担心啦,这是很正常的。

月经正常的表现是这样的:

一个月经周期是两次月经之间的间隔时间,要从月经出血的第一天算起,到下一次月经来潮的前一天为止,一般时间是 28～32 天。提前或延后 3 天左右都是正常的。每个女孩的月经周期长短可能会不同,有规律性就是正常的,女孩偶尔一两次月经周期不准确也没有问题。

正常的月经持续时间从第一天开始出血到完全干净需要 5～7 天。一般第 1～3 日的出血量比较多,经血颜色呈鲜红色,第一天和最后两天呈褐色,一般没有或者会有少量的小血块。

当月经持续时间超过了一周,且经血持续不断,有大量凝固的血块,还有明显的腹痛,这些就是异常表现了,最好到医院进行检查。

第 13 节　来月经前乳房发胀是怎么回事？

> 月经要来的前几天总是感觉乳房发胀、乳房变大，还有轻微的疼痛和触痛，用手摸起来好像有硬块一样的东西，这是怎么回事呢？

在月经周期的前期，受雌激素水平逐渐升高的影响，就会出现乳腺导管伸展、上皮增生、腺泡变大、腺管管腔扩大、管周组织水肿、血管增多、组织充血等这些变化。于是到了月经快来的前三四天，也就产生了你所说的发胀、变大，疼痛、硬块等现象。月经周期总是在重复，乳腺也处于周期性的变化之中，这种现象在月经结束之后就会好转的，不会对身体有影响啦！

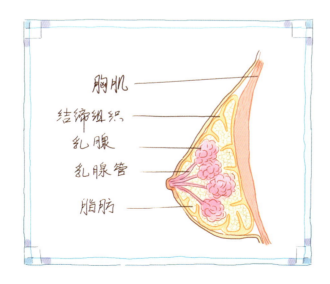

胸肌
结缔组织
乳腺
乳腺管
脂肪

第14节 来月经时经常头晕、头痛，这是为什么呀？

> 来月经的几天，经血很多，而且还会头晕、头痛，这是怎么回事呢？我该怎么办？

如果月经量过多，又有头昏、乏力等表现，最好去做一次血常规检查，如果血红蛋白低于110克/升就是贫血了。如果伴有皮肤干燥、毛发无光泽、口腔炎、舌炎、口角溃疡等现象就是缺铁性贫血。铁是构成血液的主要成分，缺铁性贫血一般是因为饮食搭配不合理、生长发育迅速、月经过多等原因造成的，只要及时补铁，头晕现象就会逐渐消失啦！

其实最简单的就是食补了，富含铁的食物主要有黑芝麻、黑木耳、黄豆、鸡肝、猪肝、牛羊肾脏、瘦肉、蛋黄、蘑菇、海带、红糖、芹菜等等。

因为月经前体内的激素水平发生了变化，所以会引起血管扩张而引起头痛，还有可能是思想紧张、经期焦虑、情绪不稳定或者身体虚弱、睡眠不足等原因使青春期女孩出现头痛的现象。

缓解经期头痛，其实很简单，只要培养轻松愉快的心情，消除对月经的恐惧，保证良好的睡眠就行了。

第15节 来月经时，肚子为什么这么痛？

> 小丽来月经的时候会肚子痛，我倒没有她那么严重，只是腰有一点点酸痛，这是怎么回事呢？

女孩在月经期间或者经期前后，出现小腹或腰部疼痛、乳房胀痛很正常。

痛经其实是这样产生的：子宫的位置可分为前、中、后位。后位的子宫宫体向后倾倒，就像一个向后倾斜的水壶。宫颈作为排出经血的出口就像是壶嘴，子宫收缩，压缩宫腔经血才能排出来，也就是因为子宫做了这样的痉挛性收缩，才导致了肚子痛的发生。

小丽和你的这些现象是痛经的表现，但是并不严重，只要好好休息，适当进行体育锻炼，补充营养，注意保暖，就会慢慢好起来的。

第 16 节　痛经可以吃药止痛吗？

> 今天因为痛经的原因，连课都不能上，能不能吃药来止痛呢？

青春期女孩的痛经最好是不要吃药，只要在各方面多注意就可以了，如果真的痛的特别严重，要听从医生的建议来服药，不可以自作主张服用镇痛药喔！

现在让我来教你几招可以缓解痛经的方法吧！

保暖：注意要保持身体的温度，多喝热牛奶或热果汁，这样可以加速血液循环，从而使痉挛及充血的骨盆部位的肌肉得到松弛，肚子也就不会那么痛了。

热敷：在屁屁下放一个热敷垫，一次几分钟，这样可以加速血液循环，以缓和痛经。

减少脂肪摄取：因为脂肪会使雌激素含量上升，动物脂肪如鸡肉、牛肉、猪肉、鱼肉，植物油如花生油，另外还有甜甜圈、奶油饼干、花生酱等食品含脂肪量也很高。女孩饮食中吃的油类越多，体内的雌激素量也就多，如果把饮食中的油脂量减少，雌激素就会明显降低。

谷类：如糙米、全麦面包、燕麦。蔬菜类，如菠菜、胡萝卜、番薯、甘蓝。豆类，如豆子、扁豆，都是经期可以多吃的食物，另外还要多吃水果哟！

第17节　有什么方法可以缓解痛经吗？

> 除了注意日常保暖和合理饮食之外，有没有什么运动可以缓解痛经呢？

当然有呀，现在我来教你做一套可以缓解痛经的保健操：

坐在地板上，双腿尽量分开，如果做得到的话，就抓住自己的脚趾，或者轻轻抓住自己的脚踝。后背挺直，吸气，使肋骨下面的肌肉收紧，保持这个姿势，做几下深呼吸，最后一次呼气时，边呼气边向前倾向地板。

坐下来，膝盖分开，弯向两侧，两只脚掌在正前方并拢。两只手在脚趾下面扣住，或者握住自己的脚踝。把脚掌按在一起，吸气，使肋骨下面的肌肉收紧，然后深深打开胸腔，稍抬起头，感觉腹部的扩张，深呼吸4～5次。

平躺后，把一条腿伸长，另一条腿的膝盖抬高到下巴。用两手臂抱拢膝盖，缓解紧张，然后保持这个姿势，放松几分钟。

试一下吧，效果显著呢！

第18节 经期腰痛,用手捶行吗?

> 来月经的时候,会觉得腰有些酸痛,总想用手去捶,可还是会酸,这是为什么呢?

月经期腰部酸痛是因为盆腔充血引起的,如果这个时候捶打腰部会导致盆腔更加充血,不但不会缓解腰痛,还会加剧酸胀感!另外,经期捶腰不利于子宫内膜剥落后创面的修复愈合,可能会导致流血增多,经期延长,所以经期腰痛的时候千万不要乱捶。

第19节　经前总是烦躁脾气坏是怎么回事呀？

来月经的几天，总难以控制自己，常莫名因为一点小事情和同学或家人就发生不愉快，事后又后悔，责怪自己怎么这么坏脾气，这是为什么呀？

经前一般有以下几个情况：

一、突然感觉伤心难过，特别想哭，有持续而且很明显的愤怒、暴躁或者焦虑感。

二、情绪压抑，对什么事情都觉得绝望，连以前经常参加的活动都失去兴趣，总是无精打采，而且很难集中精力。

三、食欲发生变化，可能会有暴饮暴食或特别想吃东西的现象，总是想睡觉又或者因为失眠而睡得特别少。

来月经心情会不好是女人经常发生的事情，因为月经是受体内的内分泌控制。女孩月经期间的神经和体液调节功能处于不稳定的状态，这时大脑皮层兴奋性改变，使体内的雌激素和孕激素比例不协调，从而造成植物神经功能的紊乱，引起身体不适，也就导致了情绪上的不稳定。没关系，就几天坏心情而已，很正常的，不要担心！

第20节 怎么才能减轻经期坏脾气呢？

小美今天被我的坏脾气惹生气了，唉！我怎么样才能减轻这种坏脾气呢？

呵呵……不用着急啦！其实想要减轻这种坏脾气只要保持轻松愉快的心情和良好的身体状况就能解决问题啦！在月经快来的前几天可以多做一些自己喜欢做的事情，买一些自己想买却一直没舍得用"小积蓄"买的东西，吃一些自己想吃的食物，这样你就会感到轻松又愉快。这段时间不要太紧张或者过于劳累，注意劳逸结合吧！小美是你最好的朋友，你可以告诉她你的处境，相信她一定可以理解你的，这样就可以减少和朋友的冲突啦！

第 21 节　经期不爱吃东西怎么办呢？

经期的时候心情差，又没什么精神，什么都不爱吃，我该怎么办？

先来说说不可以吃什么吧！

在经期的时候，不要总吃蛋糕、糖果之类的甜食，以防止血糖不稳定，避免加重经期的各种不适。另外不要吃太热、太冰，温度变化过大的食物。还要少喝含咖啡因的饮料，如咖啡、可乐，因为这类饮料会增加你焦虑不安的情绪，可以选择喝大麦茶和薄荷茶。

经期的时候，要多吃高纤维食物，如蔬菜、水果、谷类、燕麦等食物，能增加血液中镁的含量，这样可以起到调节月经和镇静神经的作用。

多吃肉类、蛋、豆腐、黄豆等高蛋白食物，以补充经期所流失的营养素、矿物质，餐后还可以吃一些核桃、腰果等含维生素 B 群的食物。饮食应定时定量，这样就可以缓解头晕、疲劳、情绪不稳定等状况。如果经血量过多，就要多吃菠菜、蜜枣、葡萄干等有利于补血的高纤质食物。

第22节 经期应该怎么清洗下身呢?

用了一天的卫生巾,阴部觉得痒痒的,还有气味,想要清洗一下,可是要怎么样来清洗阴部才是正确的呢?

清洗次数:每天至少一次。

清洗方式:最好采用淋浴,用温水冲洗。如果用盆子来清洗的话,盆子、毛巾一定要专用,毛巾需要定期煮沸消毒,患了手足癣的女孩一定要注意及早地治疗,以免引起霉菌性阴道炎。

清洗顺序:先洗净双手,然后从前向后清洗外阴,再洗大、小阴唇,最后洗肛门周围及肛门,注意经期不要清洗阴道内部,防止细菌进入阴道内。

第23节　好朋友为什么还没有来月经呢？

除了小丽之外，班里的女孩都已经来月经了，是她身体发育不正常吗？是不是要看医生呢？

月经初潮出现时间的早晚与营养、遗传、地理环境和民族等等许多因素有关。女孩的月经初潮年龄一般是在 13～15 岁。如果到 18～19 岁才来月经初潮，那就是来得比较晚了，如果来晚了并且月经不规律，需要进行必要的身体检查！小丽才只有 13 岁，所以她现在没有来月经也可能是正常的，因为每个人的身体状况都不同，所以月经初潮的时间也是不相同的。

第 24 节 月经才过 10 多天，怎么又出血呢？

周末和小美去跳操，回到家感觉不太对劲，月经明明刚过十几天，怎么又来了，妈妈带我去医院看了医生，医生说是青春期功能性子宫出血，没什么事情。到底什么是青春期功能性子宫出血呢？真的不会对我的身体健康有影响吗？

青春期功能性子宫出血是指青春期时的功能失调性子宫出血。在女孩第一次来月经之后的两年里，由于没有完全发育成熟，月经周期不规则是很常见的，它不会对健康有什么影响。如果出血时间长、出血量太多，就需要及时到医院进行检查了。

对于青春期功能性子宫出血不必太紧张，要保持好心情，学会自我调节情绪，舒缓压力。在出血期间要避免剧烈运动、防止着凉，还有冷饮也不要喝啦！多吃鸡蛋、牛奶等高蛋白食物，另外还要注意保持外阴清洁，不要游泳和盆浴哟！

PART 2　成熟开始季——唉，我的生理周期

第25节 有什么办法可以预防"青春期功能性子宫出血"?

我好担心呀,我应该怎样才让青春期功能性子宫出血这种事情不发生呢?

其实要预防青春期功能性子宫出血也并不是太难的!

平时不可以暴饮暴食,避免损伤脾胃。最好不要吃辛辣的食物,更不要吃冷饮。像香蕉、肉桂、花椒、胡椒、辣椒、茭笋、冬瓜、芥蓝、蕨菜、黑木耳、兔肉这些食品在经期尽可能不吃哟!

在月经快来之前可以吃一些保健食品,例如米饭、韭菜、卷心菜、海带、豆腐皮、芹菜、羊肉、橘子、苹果、干枣、牛奶、胡萝卜等食品。

经期时要注意外阴清洁,勤换内裤和卫生巾,经期一定要每日清洗以去除血污,最好用温开水清洗,但是不可以盆浴喔!

第 26 节　这个月月经怎么还没来呢？

前几个月的月经都是比较规律的，前后不会相差两天，可这个月已经过了四天了，为什么还没有来？好担心！

月经推迟七天左右来是很正常的，女孩因为精神紧张、学习压力大，或者是环境改变等心理因素影响，都可能会引起月经推迟现象的发生。如果只是偶尔一两次月经延期，也没有其他的症状发生，这都是属于正常的。你不用太着急，你的身体一直很健康，不会有什么问题的，只要耐心等待就好啦！

第27节 小美有几个月没来月经了，这是怎么回事呢？

小美已经连续三个月没有来月经了，真羡慕她，不用为月经的事情烦心，我怎么没有这种情况呢？

你不要认为这是好事情，这可是不太正常的情况，曾经来过正常月经后来停经三个月以上的叫做继发性闭经。小美的情况就是属于继发性闭经。有很多原因会引起继发性闭经的发生，如节食造成的营养不良、肥胖、情绪波动、精神紧张等，另外还有贫血、结核等身体上的一些疾病也会引起闭经，所以一定要到医院查明原因，对症治疗才行喔！

保持愉快的心情，避免精神过度紧张，减少刺激，不要淋雨和过度劳累。调节好日常饮食，多吃富含蛋白质的食物，不要节食减肥，以免造成营养不良而引发闭经。

第 28 节　月经为什么不规律呀？

表姐比我大三岁，她是国家队的运动员，前几天我们聊到月经的问题，表姐居然还没有来月经，听她说好多运动员的月经都是不规律的，这是什么原因呢？

剧烈运动容易造成月经初潮推迟，甚至闭经，这种现象多发生在芭蕾舞演员和女运动员身上。如果女孩从 10 岁左右就接受经常性的职业训练，大概每训练一年就可能会使月经初潮推迟 5 个月。所以从小学芭蕾舞的女孩可能会造成体重减轻，青春期延迟和月经停止等现象。18 岁以下的女运动员大多数会出现月经来潮晚、周期不规则、继发性闭经等现象。

第 29 节 肚子痛，是什么原因引起的呢？

小美今天一直捂着肚子，脸色也很不好，后来痛得不能上课，只好请假回家了，我好担心呀！

腹痛在医学上是不好判定的疾病，一旦发生腹痛，千万不可大意，一定要及时告诉妈妈，以免发生危险。

通常这个时期的腹痛会有以下几种原因，你可以做一下简单的了解。

一、痛经：也就是月经期间的腹痛。青春期女孩多是因为此时受寒、情绪心理等因素引起的，随着年龄增长或结婚、生育后就会自愈。

二、急性阑尾炎：青春期女孩常见的下腹部疼痛原因，有的开始感觉上腹或脐周围疼痛，几个小时后又开始右下腹疼痛，还有的是持续性或阵发性疼痛或者阵发性剧痛或胀痛，早期还会有轻度恶心、呕吐食物、食欲减退和便秘等现象，这就有可能是急性阑尾炎。这种病一般都需要手术治疗，所以如果出现了以上这些症状应该及时告诉家长并去医院就诊才行。

三、心理原因引起的腹痛：有些女孩害怕上学，害怕参加考试。如果强迫她们去学校，她们就会产生焦虑情绪和身体反应，如面色苍白、呕吐、头痛头晕、心率加快、呼吸急促、腹痛难忍等现象，到医院检查身体正常，这时就需要进行心理调节，严重时要进行心理治疗了！

四、排卵性腹痛：青春期女孩在排卵时，卵泡破裂的液体对于腹膜有一定的刺激作用，所以有时会每个月出现一次左右交替轻微腹痛，常常表现为一侧下腹隐痛或坠胀疼痛，还有少数女孩会出现少量的阴道出血，这种现象一般会在一两天后自行消失，一般不会超过七天。这属于生理性腹痛，一般不需处理。

除了上面四种原因之外，还有其他一些疾病会使青春期女孩产生腹痛的现象，腹痛要及时告知家长或老师，以免耽误了病情，发生危险。

第30节 总是在来月经的时候生病，这是怎么回事？

> 我总是在月经期间感冒和嗓子发炎，真是奇怪！

没错，有一些病是容易在经期发生的，因为这个时期身体免疫力较低，一些病菌会在这个时候侵入你的身体。另外还有一些较少的症状发生，例如下面这些症状：

经期浮肿：这种病是雌激素特有的生理作用，所以月经来之前，雌激素水平增高时容易出现眼睑、手指、足踝部浮肿，每个人发病的轻重程度和部位是不一样的，月经来了之后，随着尿量增加，浮肿就会变轻。

月经疹：有些女孩在月经前期会出现荨麻疹、紫癜、眼圈周围色素沉着、红斑疱疹等月经疹，这是女孩们对于分泌较多的孕激素产生的过敏现象，可以请医生开些防过敏药来服用。

经前膝痛：因为月经来潮时雌激素和孕激素比例失调，会引起膝关节内组织水肿，脂肪垫肿胀，压迫神经，造成经前一周左右的走路或伸膝时疼痛，在休息和屈膝时会有些好转，平时只要多锻炼身体，疼痛就会得到缓解。

月经前期综合征：女孩在月经前四五天开始出现生理与心理的异常反应，如头痛、呕吐、疲倦不堪、情绪不稳、甚至狂躁。这和雌、孕激素水平在经前期失去平衡有关，只要多休息，放松心情就会得到缓解。

乳腺增生：女孩经期时，雌激素相对增多，使乳腺间质或小叶良性增生，所以会在经前或经期出现乳房胀痛的现象,有时还能够摸到大小不一的肿块,经期时肿胀加剧,肿块加大,经后肿胀疼痛消失,肿块缩小。

倒经:女孩月经来潮时阴道出血很少或者不出血,但却有周期性的鼻子出血或是吐血现象,这是因为女孩体内的生物钟节律紊乱引起的倒经。

便血:如果卵巢功能低下或紊乱,正常的生理功能受干扰,经血就会从肛门排出。这种情况大多是精神紧张引起的,只要缓解紧张的情绪就好啦!

如果发生了上面的情况,女孩们一定要及时地告诉家长,有需要的到医院检查一下。

第31节 来月经的时候,鼻子为什么会出血?

> 班里一个女孩,每次来月经的时候,鼻子就会出血,真是不可思议!月经是子宫出血,可是子宫又没有长在鼻子里,鼻子为什么会出血呢?究竟是怎么回事呢?

这不稀奇呢,这叫倒经!

有倒经现象的女孩,一般以鼻子出血占多数。子宫当然不是长在鼻子里的!鼻子会出血是因为在鼻腔鼻中隔的前下方,分布着丰富的毛细血管,这些小血管又很脆弱,很容易发生出血。

倒经通常会表现为:月经时嘴里咯血、鼻腔出血,有些女孩还会出现外耳道流血、眼结膜出血、便血等现象,同时还可能伴有全身不适、烦躁不安、下腹部胀痛等症状。

倒经其实就是来月经的时候,在子宫以外部位,例如鼻黏膜、肠、肺、胃、乳腺、肛门等部位发生出血。

女孩们出现倒经时,一定要及时到医院做检查才行哟!

第32节 应该怎样避免倒经的发生呢？

倒经听起来是一件很恐怖的事情耶，有没有什么办法可以避免倒经的发生呢？

想要避免倒经一定要保持心情开朗，精神愉快，情绪稳定，避免紧张与激动。多食含维生素C丰富的食物，这样可以增加血管的弹性，另外要少吃辛辣油炸食品，多喝水，保持大便通畅！注意：女孩如果反复发生倒经的现象就要去医院查明原因再进行治疗啦！

第 33 节　太胖会没有月经吗？

班里的一个女孩越来越胖，最近一两个月她都没有来月经，这是肥胖引起的吗？

她的月经不来很可能是肥胖引起的。月经是身体内分泌协调变化的结果，必不可少的两个条件是雌激素的水平下降到低点和雌激素的水平上升到高峰。前一个条件促使身体产生较多的促性腺激素，刺激卵泡发育，后一个条件会促使排卵，于是月经也就形成了。因为肥胖的女孩身体内有很多的脂肪，脂肪中含有一种可以转变为雌激素的物质，女孩的脂肪越多，转变的雌激素就越多，这样就使雌激素的水平不能降到低点，性腺激素也就因此减少，造成卵泡发育不良，反过来影响到卵泡合成雌激素，让雌激素不能达到高峰值，而影响到排卵，没有排卵，也就没有了正常的月经。

太过肥胖的人常常不能生育，而且还容易发生功能性子宫出血或闭经呢！所以青春期女孩超过标准体重的百分之二十，就要开始减肥了。再强调一次哟，减肥时要选择合适自己的健康方法，可不要过度的节食喔！

第 34 节 太瘦也会没有月经吗?

> 听妈妈说人太胖会引起闭经,那太瘦也会影响到月经,怎么会这样呢?

当然会呀!爱漂亮的女孩常常为了保持体型而节食减肥,但是减肥过度,就会影响到身体健康啦!太瘦有时是因为机体有慢性疾病、营养不良、内分泌功能失调又或者是过分节食的结果。月经初潮需要体内有一定的脂肪沉积、体重达到一定水平时才能发生,所以太瘦的女孩月经初潮往往会延后。另外月经周期的维持也需要有健康的身体,太瘦的话也可能会引发闭经、不孕等症状。

女孩们必须懂得健康才是美丽的基础,适当的体重对维持正常月经是十分重要的,如果只是爱美,想苗条而限制饮食,就容易引起月经不调,还可能会影响到全身的健康。

第35节 怎么判断月经量是过多了还是过少了呢?

> 这个月的月经量好像比上个月多了好多呢,不知道是上个月过少呢,还是这个月太多了,有没有什么标准可以判断经量是否正常呢?

女孩通常每次月经量在 30 毫升左右就是太少,在 180 毫升左右就是过多了。正常的经量应该是每次 60 毫升左右。如果按毫升来算不太好把握,其实只要你平时留意卫生巾的使用量,每个月经周期不超过两包就是正常的。如每次用三包卫生巾,而且每片卫生巾都是湿透的,就属于经量过多。如果每次月经一包都用不完,就属于经量过少啦,这时建议去找医生帮忙,进行调节。

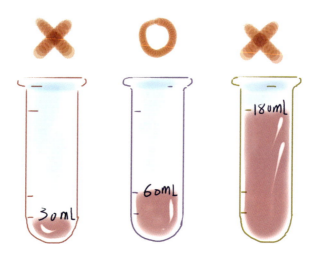

第36节　来月经时想要洗澡可不可以呢?

来月经的时候，总是觉得很紧张，都不敢洗澡。来月经的时候到底能不能洗澡呢?

来月经的时候是可以洗澡的，但是一定要洗淋浴，不要盆浴哟！因为月经期子宫内膜脱落，宫腔有创面，宫颈口微微开放，阴道内有经血，最适合细菌繁殖了。经期生殖道局部的保护性能降低，全身抵抗力也比平时低，盆浴容易使污水及阴道中细菌从宫颈管进入宫腔，引起严重的细菌感染，所以是不可以洗盆浴的哦！

第 37 节　来月经时能下水游泳吗？

> 小美约我周末一起去游泳，可是我月经来了，不知道可不可以下水游泳呢？

月经期间还是不要游泳啦！其实月经期间游泳和洗盆浴差不多，细菌很容易感染到子宫和输卵管，容易引起子宫、输卵管及腹腔的一些炎症。另外游泳池的水温一般都比皮肤的温度低，月经期身体的抵抗力低下，游泳时容易引起感冒，再加上冷水对腹部皮肤的刺激，会引起腹腔器官和盆腔器官小血管的收缩，使月经的血量减少，这样经期子宫内脱落的经血不能顺利地排出来，不仅会影响身体健康，严重的还会造成妇科疾病呢！

第38节 来月经时可以上体育课吗？

我平时是比较喜欢运动的，可是来了月经，不知道能不能上体育课呢？

月经期间，适量的体育运动对女孩的身体是有好处的，例如体操、慢跑等一些活动量小、动作温和的体育活动，可以促进血液循环，减轻经期小腹坠胀和腹痛，同时还有助于调整大脑的兴奋和抑制过程，分散注意力，保持精神愉快，减少经期紧张、烦躁等不适。

但是在月经期间，做一些像跳高、跳远、赛跑这样的剧烈运动就会引起或者加重月经期间的身体不适，严重的还会引起痛经和月经失调。

女孩在经期时不适宜参加比赛，因为比赛会使精神过度紧张，导致内分泌失调而出现月经紊乱。如果有严重痛经及生殖器官炎症的女孩，经期最好不要参加体育运动。

第39节 月经期间能不能吃冰淇淋?

夏天的天气好热呀,我最喜欢吃冰淇淋了。这几天月经来了,我要吃冰淇淋,可妈妈总是不让吃,真郁闷!

小馋猫这几天还是忍忍吧,经期吃冰淇淋,会降低血液循环的速度,从而影响子宫的收缩和经血的排出,如果经血不能顺畅地排出,就会引起痛经,严重的还会引起月经不调或者闭经呢!

第 40 节　经期能不能唱卡拉 OK？

> 周末不能去游泳，真的很无聊，想约几个朋友一起去唱卡拉 OK，妈妈也说不行，真是这样吗？

我的答案可能要让你失望了！经期的女孩，声带的毛细血管会充血，管壁变得较为脆弱。如果这时长时间或高声唱歌，可能会使声带紧张并高速振动而导致声带毛细血管破裂，让你的声音变得沙哑，严重的还可能对声带造  成永久性伤害，出现嗓音变低或变粗等现象。我建议女孩们从月经来的前两天开始就不要长时间或高声唱歌！

除此还要注意以下两点：

第一，不要用嗓过度，更不要长时间地高声讲话，强行用嗓发音，这对健康是会很不利的。就像我们上面说的，会加重充血，甚至造成声带出血，这样嗓音也会受到影响。

第二，预防上呼吸道感染。受雌激素的影响，女孩在经期时，身体的抵抗力会减弱，病菌来袭就容易造成上呼吸道感染引起喉炎的发生，这样嗓音就会变得沉闷或嘶哑，如果伴有咳嗽还会引起声带出血呢！

第 41 节　来月经时可以吃药吗？

来月经的时候感冒了，吃些感冒药和消炎药可以吧？

经期的时候最好不要吃药，特别是抗生素类的药物很可能会导致女孩月经失调、不排卵、闭经等状况的发生。除了抗生素类的药不要吃，还有几种药也不要在经期的时候服用。

不要服用减肥药：减肥药中含有抑制食欲的成分，如果在月经期间服用，可能会导致月经紊乱、精神焦虑、心悸、精神紧张、多尿或者排尿困难等现象。

不要服用泻药：泻药会刺激肠壁引起盆腔充血，另外一些肠胃动力类的药物，最好也不要在经期服用。

不要服用止血药：止血药会降低毛细血管的通透性，促使毛细血管收缩，阻碍到经血的通畅性。

第 42 节　经期的时候可以去旅游吗？

暑假学校要组织集体去旅行，刚好那几天是我要来月经的日子，不知道经期能不能出去旅行呢？

经期出去旅行，女孩们容易受到环境和心理等方面的影响，很可能引起月经周期的紊乱，还容易发生水土不服、晕车、晕机、晕船等现象。所以经前期、经期都不宜出外旅行。

如果女孩经常会有痛经的情况发生，更加不适合在经期旅行，经期疼痛会使本来快乐的旅行变得难受，还会影响到别的同学的兴致。所以女孩出去旅行时尽量不要把时间安排在月经期或月经前期，争取让自己在旅行中有个好心情。如果旅行时间是集体安排，就要谨慎决定是否参加啦！

夏天的时候大家都喜欢到有山有水的地方去玩，正处于经期的女孩这个时候千万不能下水游泳，因为游泳和盆浴都可能让污水进入子宫腔，引起感染，发生子宫内膜炎和盆腔炎。游泳还可能会引起经血倒流，发生子宫内膜异位症，甚至导致严重痛经和不孕症。如果女孩在旅行中来了月经，这时应该保证充足的睡眠，避免参加登山、划船等激烈运动，不可以冷水浴，最重要的是注意保持会阴部的清洁。

第43节 运动会要到了,正赶上来月经的日子,怎么办?

> 学校马上就要开运动会了,我打算报的项目有好几个呢,可是那几天我有可能会来月经耶,有没有什么办法可以控制经期,让它提前或是推迟呢?

可不要有这种想法哟,月经来潮是人体正常的生理机制,最好不要人为干预。现在有好多参加高考的学生用药物控制,使经期延后,这种方法是非常不可取的。所以你还是打消这种想法吧,如果因为身体问题不能参加运动会,给同学们助阵也是不错的嘛!

第44节　怎样选择适合自己的卫生巾呢？

我最近一直在为选择什么样的卫生巾而发愁，超市里卫生巾种类那么多，真不知该买哪一种呢？

女孩在经期敏感部位的皮肤最易受到损伤，选择合适的卫生巾是很重要的一件事情哟！

卫生巾主要的材质为棉状纸浆和高分子吸收体，用来吸收女性月经来潮自阴道流出的经血。卫生巾一般由表面层、吸收层和底层三部分构成，选用时就要从这三部分的材料及作用考虑。卫生巾最好是选择表层干爽网面漏斗型，中层是透气、内含高效胶化层，底层以透气材料制成的。

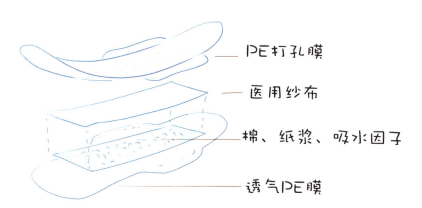

PE打孔膜
医用纱布
棉、纸浆、吸水因子
透气PE膜

吸收量大的卫生巾是在特殊时段使用的，夜间不容易像白天那样每隔两三个小时就勤换，所以推荐使用夜用型干爽网面。这样能保证吸收性和透气性，长时间就不会有黏黏的感觉。

第45节 选择卫生巾时有什么需要特别注意的吗?

终于知道自己该选什么样的卫生巾了,可是选择卫生巾又该注意些什么呢?

女孩在选购卫生巾时,要选择无菌卫生巾的,首先要注意生产日期、使用说明,了解产品的卫生指标,要选择正规品牌的卫生巾。

卫生巾一定要放在干燥、无菌环境中贮藏,也要注意保质期。如果卫生巾受潮或贮藏过久,就算不拆封也会变质或者受到污染。所以不要一次买太多。不建议用卫生纸代替卫生巾。

第46节 卫生巾应该多长时间换一次?

去学校还要带着卫生巾,真是麻烦耶,如果量不是太多,可不可以放学后回家再换呢?卫生巾一天需要换几次呢?

不可以偷懒哟!如果长时间不换卫生巾,经血不仅会发出难闻的气味,还容易滋生细菌,所以不管量多还是量少,都要定时更换卫生巾!一般需要早上起床换一片,十点左右换一片,中午一点左右换一片,下午四点左右换一片,晚上睡觉之前再换一片。一天至少用五片是比较科学,也比较卫生的。

第47节 卫生栓和卫生巾有什么不同，经期时用它好吗？

> 表姐是运动员，她来月经时经常用一种叫卫生栓的东西。它和卫生巾有什么不同吗？经期时使用它好不好呢？

卫生栓是一种卫生棉条，可以直接放在阴道内，起到吸收经血和防止经血外流的作用。一般来说，除了有妇科疾病的女性，都可以使用卫生栓。

卫生栓和卫生巾相比，它使用起来会更麻烦一些，如果使用时不熟练很有可能会划伤外阴和阴道！卫生栓在阴道内待的时间太长，阴道内湿热的环境有可能会让细菌繁殖，所以是非常不卫生的，容易引发各种妇科疾病呢！

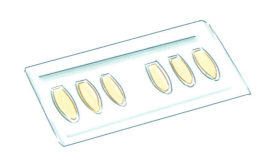

第48节　用卫生巾也会过敏吗？

这个月换了新牌子的卫生巾，可是用了之后，觉得下面特别的痒，小美说我可能是卫生巾过敏了，以前她也发生过这样的事，用卫生巾也会过敏吗？

卫生巾当然可能引起皮肤过敏。突然更换新品牌的卫生巾，皮肤对于新品牌卫生巾里所包含的成分也许不适应，就会产生过敏现象。还可能是因为卫生巾本身不符合标准，达不到卫生要求，所以会引起皮肤的不适应。如果是用了药物卫生巾，那就有可能是药物成分引起的过敏让你觉得痒痒的。

要想防止过敏，就要谨慎挑选卫生巾，选择正规品牌，皮肤比较敏感的女孩建议使用棉质的卫生巾。另外，在夏天的时候更容易发生皮肤过敏的现象，所以要及时更换，以防过敏哟！

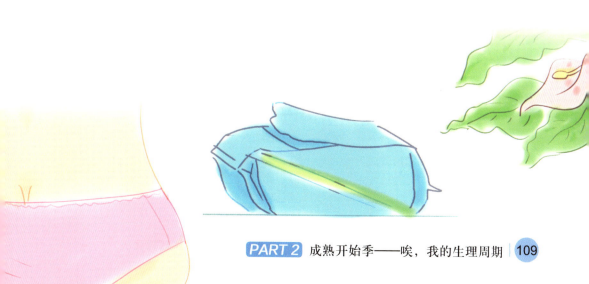

私密花园——
嘘，我的烦恼心事

PART 3

　　我是女孩，也许注定我有这些与男孩不同的心事，这些事我无法和母亲说，有时也不可能与好朋友交流，它是我内心独有的秘密与烦恼，我好担心！我因此而无法安心睡觉，无法专心听课，有时甚至觉得自己是个不好的女孩，不知道别的女孩是不是也有这种烦恼。有时我好想，要是能回到那个无忧无虑的小女孩时期该多好！是的，我只是天真地想想啦！

　　大家一定在笑我了吧！

第 1 节 我为什么总梦见和男孩约会呢？

> 昨天晚上我梦见和男孩牵着手，还有很过分的亲热，那个男孩我根本就不认识，我也没有过这种想法，我怎么会做这种类似的梦呢？

做这种梦并不奇怪啦！

梦的本质其实是一种潜意识活动，也是人类正常性思维的表现，它不受你自己控制，梦和现实之间有着很大的差别，并不代表你的真正意愿。

青春期的女孩感情比以前变得更加丰富了，也想要更多地了解两性之间的秘密，因此会变得留意身边与两性有关的电影呀、故事呀及情人间的亲昵动作，这些都会对女孩的心理产生影响。在大脑清醒的时候，女孩有自我控制的能力，可是到了熟睡之后大脑得到放松，所以与之相关的东西会在梦中得到反映。男孩比女孩更容易做这类的梦呢！年龄越大做这种梦的概率会越大。不要为做了这类梦而担心，这是青春期出现的正常生理和心理相关现象之一。

第 2 节 自己有了关注的男孩，怎么办？

自从有了那些梦之后，我有时候就会幻想着和喜欢的男孩在一起的样子，以至于影响了我的学习，我该怎么办？

每一个正常的女孩到了这个年龄都会有这种幻想的。你不用担心。

进入青春期，女孩多多少少都有这种幻想，只是幻想的内容和性质有着很大的不同罢了。不同的原因通常与女孩的想象力和外界信息的刺激大小有关。比如看电视剧、电影、图书，路人等的亲昵动作、亲昵程度等。

幻想本身来自于人类大脑皮层的活动，发生在意识和潜意识之间，是人对现实生活中渴望实现事情的一种精神满足，睡觉前和睡醒后是最容易发生这种幻想的时间。

如果想要减少这种情况，就要少看或不看这种剧情的影视、书籍，睡前可以回忆一些老师讲的课程或学习中的情节，这样既能节省学习时间，增强复习效果，又能减少产生这种想法和梦境。你照我说的来试一下吧。

第 3 节 面对男女亲密的镜头，我为什么总是脸红？

每当看到电视中男人女人的亲密镜头，我就会咚咚的心跳加快，脸通红，这是怎么回事？

女孩到了青春期，接近性成熟，出现这种反应是生理发育和心理发展的正常现象，就像你来月经、乳房发育等身体发育一样。它是青春期你的心理反应配合身体发育，综合表现出来的一种反应。你只要正确认识青春期出现的各种生理变化，培养健康的情感意识，进行自我道德约束，不要阅读淫秽的书刊、更不要浏览不文明的图片，与男孩坦率友好正常地交往就可以了。碰到别人或镜头中过于亲昵的镜头，你如果出现这种反应不要理会，就像别人夸你你羞红了脸一样，属于正常的身体及心理反应！

第 4 节 公交车上的男人有不良举动，他想干什么？

今天放学和小美一起坐公交车，我感觉站在我后面的一个大男人紧挨着我，好像还用手摸了我的屁屁，真是太讨厌了。回到家又不好意思和妈妈说，我像吃了脏东西一样，总有作呕的感觉！天啊，谁来救救我！

不好，你是被性骚扰了。性骚扰是一种不受欢迎而且带有性别意识的接触。

如果一个人用各种方法去接近异性，而异性不愿意接受这些带有侵犯意识的接近，都可以叫做性骚扰，来看看女孩常见的性骚扰有哪几种形式吧！

身体的形式：不必要的接触或抚摸女孩的身体，故意擦撞、紧贴女孩，强行搭女孩肩膀或者手臂。就像刚刚在公交车上遇到的这种情况。

言语的形式：故意和女孩谈论有关难为情的话题，用讲述笑话、故事，对女孩的衣着和身材等进行过于令人难堪的评论。例如："你的咪咪好漂亮呀！"之类的话语。

非言语的形式：对女孩吹口哨或者发出接吻的声音，身体或手的动作具有性的暗示，用色迷迷的眼神看女孩，给女孩看与性有关的色情书刊、海报。

威胁形式：用威胁的手段，强迫进行身体爱抚行为。

所以女孩们要知道相关性别上的骚扰不单是指身体上的接触，一些不礼貌的言语、动作，而让女孩产生不安、焦虑、尴尬和不被尊重的行为，都属于性骚扰。

第 5 节　遇到骚扰应该怎么办呢？

> 可是如果我们在公交车上遇到这种情况该怎么办呢？

如果是在公交车上遇到的情况

第一，如果身边有可能保护的人，就一定要勇敢地大声斥责对方，不要因为不好意思而忍让那种坏人。

第二，如果势单力薄，就尽可能躲避这种人，或用包及身上随身的物品来遮挡。

第三，用随身较尖锐的物品遮挡或还击提醒他。

如果遇到有人对你们性骚扰，一定要及时地回避和报警，要在第一时间保护自己不受伤害才是最重要的，不要不好意思。

如果没办法躲避，在身边有人的情况下一定要大声呼救，以免受到更大伤害。面对危险要记住，保护生命第一，然后才是保护身体不受伤害。害怕是没有用的，一定要机智勇敢面对坏人才行哟！

第 6 节 怎样减少或避免骚扰呢?

日常生活中我应该注意哪些情况,来减少或避免这种骚扰呢?

问的真好!这正是我要和你们讲的。

首先女孩在日常生活中,要尽量避免穿袒胸露背或超短裙之类的服装,多注意身后是不是有不怀好意的尾随者,及早避开他们。

不要独自去人群拥挤或者僻静的地方。

去公园或者是在比较陌生的环境里一定要有大人陪伴。

不要和陌生人搭讪。

晚上不要自己一个人出门。

不要和男性单独出去。

不要随便接受别人的食物、饮料等,这些东西很可能掺有药品,一旦被下药而昏睡过去,那可就麻烦啦!

另外在公共场合,如果中途离开再回来,不要再食用桌面上的食物或饮料。一旦被别有用心的人下药就会发生很大的危险。

第 7 节　妈妈说女孩的"内在美"是什么意思?

> 妈妈说女孩有处女膜,要我小心,说处女膜对女孩很重要,让我不要问了,说我长大就明白了,我其实不明白的!能详细和我说一下吗?

处女膜是盖在女子阴道外口、中心有孔的一层薄膜,在阴道和阴道前庭分界的地方。薄膜的两面都是粉红色的,表面湿润。

环形　　分隔型　　筛孔型　　闭锁型

青春期女孩的处女膜比较小而且厚,随着女孩身体的发育成熟,处女膜就会慢慢变大变薄,而且有韧性。成年女性的处女膜厚 1~2 毫米,里面有结缔组织、微血管和神经末梢。

在处女膜的中央有一个直径 1~1.5 厘米的小孔,这个叫做"处女膜孔",月经就是通过这个小孔排出体外的。处女膜孔有圆形、椭圆形、筛形、月牙形、半月形、星形、伞形、环形、分叶形、中隔分离形、唇形等 30 多种形状呢!

每一个女孩都会有处女膜,这是每个少女纯情的标志,你可要珍惜不要随意破坏她!日常剧烈运动容易造成处女膜自然破裂。处女膜是女孩长大后自己决定与最爱的人分享的最珍贵礼物,一旦受到破坏,也将永远不再拥有。好好保护她不受到伤害才是正确的选择,所以女孩们一定要珍爱自己,保护好自己一生只有一次的美丽——处女膜。这就是妈妈讲的女孩的"内在美"了,明白了吗?

第 8 节 牵手接吻会怀孕吗？

电影里的男人女人通常在牵手、接吻之后，就怀孕了，还会生小宝宝，是不是接吻就会使女生怀孕呢？

这太可笑了，可不是接吻就会怀孕，就会生小宝宝的！

健康的成年女性每个月会从卵巢中排出一枚成熟的卵子，同时子宫内膜会在激素的作用下增厚和充血，这时子宫也就开始要准备孕育新生命了。如果这个时候男性生殖器睾丸中产生的精子，从他身体出来后，能够直接破坏女性的处女膜并进入女性体内和卵子结合，成为受精卵，这便形成一个新的小生命了！它附在女性的子宫内膜上生长，并在女性子宫内成长，女性这样就叫做怀孕了。

当然如果卵子没有和精子结合，子宫内膜脱落会和卵子一起经阴道排出体外，这些便是女性的月经了。正因为这样，怀孕期间的女人是不会有月经的。

所以呀，只有女性的卵子和男性的精子结合并着床在子宫，女性才会怀孕呢。你在电影里看到的男女的接吻，只是表达一种亲密关系的开始而已。

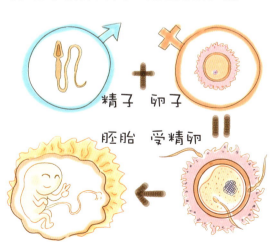

第 9 节 和男生保持距离,是一种安全也是一种美吗?

> 人们说"距离产生美",我和男孩是不是应该保持距离呢,如果坐的离男生很近,我就会脸红耶!

距离当然会产生美啦,特别是对于你们这种处在青春期的男孩、女孩来说。最合适的距离是在一米左右,这样不仅可以让对方感到友好、真诚,也不会引起对方的紧张。女孩应该懂得这种适当的距离可以给自己安全的感觉,当男孩靠得太近有时会害羞,有时还可能会觉得反感,那就是不必要的烦恼啦!

所以正在发育中的女生们,要避免近距离和男生接触或者是碰撞到身体的敏感部位。女孩子的乳房、外阴等部位都是非常私密而敏感的地方,不可以随便让别人看或是触碰的哟!

第10节 远离妇科病，我该做些什么？

当下体不适时，经常不知所措，上课不能专心听讲，晚上不能好好休息，有什么方法可以预防这些妇科病吗？

青春期的女孩们也有可能得上妇科病，所以做好预防是很有必要的！

现在我来告诉你妇科病都是什么原因造成的，要想远离疾病，只要日常生活中多注意就可以啦。

一、大强度的运动：青春期女孩的性器官还处在发育阶段，生殖机能还没有完善，如果进行超负荷的运动就会引发下面这些妇科病。

月经异常：平时运动量比较大的女孩，容易出现月经初潮延迟、周期不规则、继发性闭经等现象。女孩运动量越大，月经初潮年龄就越晚，这是因为剧烈运动干扰了正常月经的形成和周期。

外阴创伤：例如外阴与自行车的坐垫、横档或其他硬物相撞后很容易引起血管破裂出血，造成较大面积的瘀血。

子宫下垂：女孩进行举重等超负荷训练时会使腹压增加，引起子宫暂时性下降，如果长期超负荷运动，就容易发生子宫下垂。

卵巢破裂：剧烈的活动或者抓举重物、腹部受到挤压碰撞都可能会引起卵巢破裂。

子宫内膜异位症：女孩如果在经期剧烈运动就有可能使经血从子宫腔逆流到盆腔里形成囊肿。得了这种病之后女孩的痛经会越来越严重，可倒霉了。

PART 3 私密花园——嘘，我的烦恼心事

二、不注意日常卫生会引发阴道炎：女孩如果在日常生活中忽略了阴道和它周围器官的清洁卫生，就很容易引发阴道炎。

三、青春期女孩第一次来月经：出于羞涩和对月经的不完全了解，就会不注意经期卫生，滥用不干净的卫生纸，这样病菌进入阴道，就容易引起初潮阴道炎。

四、女孩如果经常穿紧裆的三角内裤和高弹的紧身健美裤也会引发阴道炎，这时就会出现白带过多，阴道、阴唇瘙痒，同时还有尿频、尿急的现象。所以，一定要小心你的穿着哦！

五、过早性生活：近几年，青春少女患子宫颈癌的人数越来越多，主要原因是她们过早开始性生活。曾经有一位女孩才18岁就得了子宫颈癌，所以想要预防这种妇科病最有效的方法就是爱惜自己，不要过早尝试性生活！

第11节 做妇科检查，让你很烦恼？

> 好烦呀！妈妈说要带我去做妇科检查，我很抵触这件事情、也很不好意思，真是让我烦恼！

妇科检查完全不像你想象的那样可怕啦！

去做妇科检查其实和其他的身体检查没什么区别，医生先会详细地询问你的年龄、是不是已经来了月经，来月经的时间、月经周期是不是规律、上次月经是什么时候，经血量、是不是有痛经，还有就是有没有阴部瘙痒的现象，另外会问你感觉哪里不舒服，然后医生会根据你的情况，为你做一些必要的检查，像血检、尿检之类的，或者是通过B超检查子宫、卵巢等是否正常。

如果你的白带有严重的异常，这时就需要取阴道分泌物来进行检查。这时也不必担心，只是用棉签轻轻在阴道取些分泌物用来化验。做妇科检查的女医生都会很细心体贴的！所以你不必觉得害羞和害怕，身体有异常的时候要及时去找医生做检查才是对的。

第12节 怎样才能让乳房健康地发育？

> 我经常做乳房自检，但怎样才能确定我的乳房发育是正常的呢？需要注意些什么吗？

乳房健康的发育有很多事情需要注意！日常生活中一定要养成良好的生活习惯，做好护理，这些小习惯会有助于你的乳房健康发育哟！

一、由于你正处于青春期，所以月经周期前后，就可能会出现乳房胀痛、乳头痒痛的现象，这时可千万不要随便挤弄乳房、抠乳头，小心造成破口发生感染哦！

乳晕有许多腺体，会分泌油脂一样的东西，它可以保护皮肤，但也很可能会沾染污垢使乳房红肿，所以要经常清洗乳头、乳晕、乳房。

二、不要穿太小太紧的文胸，睡觉之前一定要把文胸松开或者取下来，以免影响呼吸和睡眠质量哟！最好选择仰卧睡姿，这样能防止压到乳房。平时还要避免外力碰撞和挤压乳房，以免乳房周围组织受到损伤。

三、保持愉快的心情：心情愉快，乳腺就不会因为受到雌激素刺激而出现增生，已经出现增生的乳腺还可能会在孕激素的作用下逐渐复原呢！

四、日常饮食要多样化：饮食一定要低脂高纤，多吃全麦食品、豆类和蔬菜，另外要适当地补充微量元素。

五、适当地进行乳房运动：最好每次在洗澡时做适当的乳房按摩，每天五分钟的扩胸运动也有助于乳房的健康发育哟！

六、走路坐姿要正确：走路时应该挺胸、抬头、收腹、直膝，千万不要含胸，这样乳房才能健康地发育喔！

第13节 大人戴文胸，我也需要戴吗？

乳房变大了，上体育课的时候觉得好别扭，大人都会戴文胸，我是不是也需要戴了呢？

没错啦，这是可以戴文胸的时候了。

年龄在十四五岁的女孩，先测量一下乳房上底部经过乳头到乳头下底部的距离。如果大于16厘米，就应该开始戴文胸了。戴文胸与束胸可是不一样的哟，束胸会影响到女孩的身体健康，而佩戴合适的文胸却能很好地保护乳房。

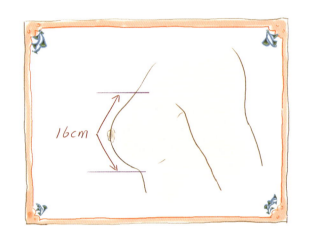

女孩在参加体育运动时，乳房是容易受到创伤的，如果不带文胸的话，乳腺还可能会受到不均匀的负担。这样乳腺内正常的血液循环受到影响，容易引起乳腺内部血液淤滞形成乳房疾病。

这时戴文胸，最好选择运动文胸，就是下面没有钢托的那种，这样乳房的血液循环才能通畅，有利于乳房的发育，更能防止发生乳房疾病。文胸还能减轻走路时的乳房震荡，保护乳头，防止擦伤和碰痛。

第 14 节　怎样选择适合自己的文胸和内裤呢？

> 我是第一次戴文胸，不知道什么样的才适合自己，还有内裤，商场里的样式那么多，哪一种才适合我呢？

文胸太大或是太小对乳房健康都是不利的，所以在选择合适的乳罩之前，先测一下底腰围，也就是乳房下的紧身胸围和顶胸围即乳房最高处的紧身胸围。这两个胸围尺寸的差就是"胸围差"。底胸围是乳罩的基本规格，胸围差是选择乳罩型号的依据。胸围差 8～10

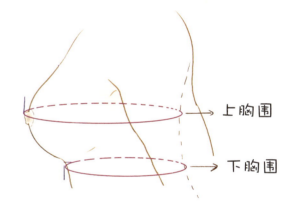

上胸围 - 下胸围 = 胸围差

厘米是 A 型，11～13.5 厘米是 B 型，13.5～16 厘米为 C 型，16～18 厘米为 D 型，文胸的两个杯罩不要离得太远，这样会显得很不自然哟！

夏天的时候不要穿那种加了海绵垫的厚文胸，这会让汗液没办法散发出去，使乳房的温度和湿度升高，再加上分泌物，很容易滋生细菌。另外太过束身的文胸，又勒又挤，时间长了会让乳房的血液运行不畅通，产生压迫性的疼痛，还可能会引发乳腺炎等疾病哟！在初期最好选用运动文胸，不会太勒，又能起到束胸的效果。

选择内裤也是很有讲究的哟!

首先,不要穿太紧的内裤。如果穿太紧的内裤,就会和外阴、肛门、尿道口产生频繁的摩擦,如果污垢进入到阴道或尿道,容易引起泌尿系统或生殖系统的感染。

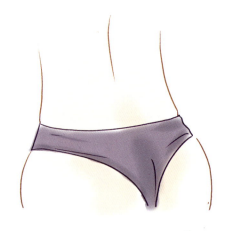

不宜太紧、
颜色忌深

其次,不要穿深色的内裤。深色内裤和分泌物融合时会有化学性的褪色,是患上阴道炎的诱因之一,患上阴道炎或者是生殖系统疾病的女孩,白带就会变浑浊、带红,这些都是疾病的信号,早早发现这些现象才能得到及时的治疗,如果穿深色或太花的内裤,会很难发现白带发生的变化,延误病情可就麻烦啦!

最后,要选择浅色、宽松、纯棉质的内裤,不要穿化纤内裤。商场里的内裤种类和花样很多,千万别因为看起来漂亮就去选化纤的内裤哟,这样的内裤通透性和吸湿性都很差,白带和会阴部腺体的分泌物不容易挥发,如此温暖而潮湿的环境最利于细菌的生长繁殖了,很容易引起外阴部或阴道的炎症。所以在选择内裤时最好选浅色、宽松、纯棉质的内裤!

第 15 节　怎样将乳房洗干净？

乳房经常分泌一些黏腻腻的东西，我用香皂洗后，总有干燥性的痛感，这是怎么回事呢？

清洗乳房其实是很简单的一件事，只要每晚用温开水清洗就可以了。如果总是用香皂来清洗乳房，这样做可是不利于乳房健康的哟！

经常使用香皂类物品清洁乳房，容易碱化乳房局部的皮肤，这时乳房局部皮肤想要重新覆盖上保护层，就需要花费一些时间了。在这个过程中，乳房就会有摩擦痛感和不适了。

另外香皂在不断使皮肤表面碱化的同时，还会促进皮肤上碱性菌的滋生，同时也洗去了保护乳房局部皮肤润滑的油脂。

所以温水洗才是最简单最健康的方法啦！

第16节 内裤上的血渍怎么洗？

以前我的内衣都是妈妈给我洗，现在我长大了，内衣应该自己来洗了，怎么样清洗内衣才能洗得干干净净呢？还有，来月经的时候，内裤上沾上血渍，怎么也洗不掉，有没有什么办法呢？

宝贝真是越来越懂事了，是该自己清洗内衣的时候了，我来告诉你清洗内衣的几个注意事项吧！

洗文胸：

一、清洗内衣之前，首先把文胸钩好背钩，扣好肩带，防止在洗涤过程中钩破其他地方。

二、将洗衣液溶解在30~40℃的温水里，然后把衣物放进水里浸泡10分钟左右。

三、用手轻轻搓揉。

四、换用清水直至彻底冲净洗衣液，洗到没有泡沫为准。

五、洗好以后的文胸不能用手拧干，可以用专用的毛巾包裹起来，然后用手挤压，让毛巾吸干水之后，再把内衣拉平恢复原来的形状。

六、日晒容易让文胸褪色，所以最好是放在阴凉通风的地方晾干。湿的文胸要把杯与杯对好夹住中间挂起来，不要只是将肩带挂起来，这样水分的重量会把肩带拉长，加速文胸的损坏！

洗内裤：

一、洗内裤最好用温水和专用的洗衣液，还要用专用的盆，不要和其他衣物放在一起洗。

二、内裤必须是用手洗，如果和别的衣服混洗很容易沾上其他衣物的细菌，造成细菌交叉感染。洗的时候用拇指与食指捏紧，仔细地搓揉，这样才能洗干净。

三、洗干净的内裤，不要放在太阳下直接暴晒，最好先放在阴凉处吹干，再拿到阳光下暴晒消毒，这样就可以防止内裤发硬、变形啦。

其实想要洗掉内裤上的血渍并不是件难事哟，现在就来教你几招吧！

在内裤刚刚沾上血渍不久时，立即用凉水或淡盐水冲洗，记住是凉水哟，要是用热水就不容易洗掉了。

然后用内衣专用肥皂或专用内衣洗衣液浸泡约10分钟，按照洗文胸的过程来洗涤，就很容易清洗干净了！如果没有以上两种洗涤用品，用加酶洗衣粉效果也是不错的！

如果沾上血渍的时间比较长了，那就放上洗涤剂，多泡一些时间，这样就容易洗掉了。实在不行就买一块硫磺皂来清洗吧！

第17节 内裤需要天天换天天洗么?

> 其实内裤只穿了一天,也没怎么脏嘛,干吗非要天天换洗呢?

内衣穿了一天之后,看起来是没脏,可是你一定想不到,穿了一天的内裤上面留有大约0.1克的排泄物,这相当于一亿个大肠杆菌。如果不及时换洗,这些细菌很可能会附着在手上,要是你不洗手就去揉眼睛或者吃东西,就容易染上疾病啦!

所以内裤要天天换,天天洗,最好不要让换下来的内裤过夜,那样也容易滋生细菌,清洗不好,还容易引发妇科炎症呢!

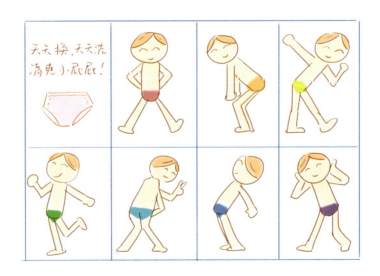

第 18 节　新买回来的内衣要洗了才能穿？

> 我看到妈妈总是把新买回来的内衣洗了之后再穿，这是为什么呀？新买来的不是很干净吗？

妈妈的这种做法是对的。

新买回来的内衣不经过清洗就穿在身上，对身体健康很不利哟！这是因为内衣在制作过程中为了美观，经常使用化学添加剂。像为了防缩水而采用甲醛树脂处理，为了增白而采用荧光增白剂处理，为了坚挺采用上浆处理。在内衣的包装、运输及销售过程中，要经过很多人手的触摸，你说是不是应该洗一下再穿呢？

所以呀，新买回来的内衣先用净水清洗一下，然后再穿才是最卫生的。

第19节 内裤上总有白色的黏液,是什么呀?

> 最近我突然发现自己的内裤总是会湿湿的,有好多白色的透明液体残留在内裤上,每天换内裤都依然会有,我生病了吗?

少女青春期后,阴道内会有一种乳白色或透明的液体流出。量有时略多,有时较少,有一定的规律性,这就是白带,它具有保持阴道黏膜湿润的作用。

白带是妇女从阴道里流出来的一种带有黏性的白色液体。一般月经中期白带增多,稀薄透明;排卵后白带又变黏稠,混浊而且量很少。女孩在经前期的时候白带都会增多。不要担心,这很正常哟!

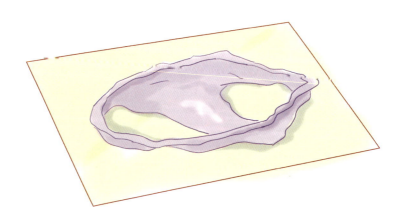

第 20 节 白带有味怎么办？

> 我最近观察了一下自己的白带，好像是有淡淡的味儿，这样的白带是正常的吗？

想要知道自己的白带是不是正常的，要从量、色、质地、气味几方面来观察。

一般月经期后白带量少，排卵期的白带较多。总的来说正常的白带是乳白色或者无色透明，略微带有腥味或者是没有气味的，所以你的白带是正常的喔！

第 21 节　下体难闻的气味特别大，我怎么啦？

我的白带有难闻的气味，而且很多，是不是不正常，我生病了吗？

对呀，如果白带不正常，就可能是得了某种病啦，这时一定要告诉妈妈，及时去医院检查才行哟！

第22节 白带为什么会像豆腐渣？

小丽说自己的白带像豆腐渣一样，还有难闻的气味儿，她是不是生病了呢？她该怎么办？

如果白带像豆腐渣一样，很可能是得了霉菌性阴道炎，让小丽尽快去医院做个检查吧，可别耽误了病情哟！

想预防霉菌性阴道炎，需要做到以下几点：

一、保持愉快的心情：保持心情愉快也是一种增进免疫力的好方法，另外平常的生活作息也要正常，这样才能让免疫系统正常运作。

二、少吃刺激性食物：人体的免疫系统其实会自动去对付那些入侵的细菌，所以女孩们平时保持健康均衡的饮食，少吃刺激性的食物，让免疫系统正常运行就OK啦！

三、用医生开的药并按医生的指导来清洗：动作要轻柔以避免伤害身体，造成更大的炎症。

四、尽量穿棉质通气的裤子：平时要穿棉质通风的内外裤，保持干爽。如果分泌物不是很多，最好不要用卫生护垫，如果用卫生护垫的话，一定要勤更换，以免细菌生长繁殖。

少吃刺激性食物

第23节　可以每天都用护垫吗?

> 我觉得用护垫还是很方便的,可以防止内裤湿乎乎的,也就不用担心细菌生长啦!是不是每天都可以用护垫呢?

每天用护垫可不行哟!

因为护垫的透气性差,长期使用很容易滋生病菌。还有些护垫表面不是棉质的,长时间使用容易引起皮肤过敏。还有的护垫可能卫生并不达标,所以不建议每天长时间使用护垫。

第24节 阴部总是痒，这是怎么回事呢？

我最近总觉得阴部的皮肤痒痒的，这是怎么回事呢？这是什么原因引起的呢？

你这可能是外阴瘙痒！月经期外阴瘙痒通常是因为病毒感染和细菌感染引起的。

滴虫或霉菌感染引起的阴道炎，会排出大量、异常的白带刺激外阴部位，使外阴发痒。

如果有用消毒药液冲洗过外阴、阴道，或阴道内放过药物，很可能会使外阴的皮肤过敏或者发生皮炎，而引起外阴瘙痒。

月经期不注意卫生，外阴没有得到及时的清洗，使经血和阴道分泌物长时间存留在外阴部位，也会引起瘙痒。

穿了化纤内裤，使外阴经常处在湿热的环境中，也容易引起外阴刺痒。

如果不是因为上面几种原因引起的外阴瘙痒，那就很可能是外阴皮肤病引起瘙痒，像外阴湿疹、神经性皮炎、外阴皮炎等疾病都会引起不同程度的瘙痒。

如果经过温水清洗，情况没有改善的话，就需要到医院检查一下，查明引起瘙痒的原因，然后再对症治疗。

第25节 如何不让外阴再痒痒？

下面痒痒好难过呀！我该怎样做才能预防外阴瘙痒的发生呢？

知道了都有哪些原因会引起下体痒痒，想要预防就是很简单的事啦！

平常要保持身上常备有干净的卫生纸巾，便后要用纸擦干净，保持外阴清洁干燥。

注意经期卫生，及时更换卫生巾。

及时用清洁的温水清洗外阴，不用热水烫洗，也不要用肥皂擦洗。

换下来的内裤要用开水烫一下或者洗后暴晒。

不要穿紧身裤，要选择棉质、宽松、透气的内裤。

平时不要自己乱用药物清洗外阴。

少吃辛辣食物和海鲜等容易引起过敏的食物。

第26节　怎么样清洗外阴才是正确的呢？

经常听到你说要及时清洁外阴，可是怎么样清洗外阴才是正确的呢？需不需要用洗液呢？

外阴最好每天清洗，在清洗之前先把专用盆洗干净，然后放入半盆开水，把用来擦拭阴部的专用毛巾一起放在盆里，煮沸5～10分钟，等到水晾到不烫手的时候，再用来清洗外阴，这样用灭过菌的水和毛巾清洗外阴，能够避免细菌感染，洗得干干净净然后上床休息，第二天整个人都会觉得清爽很多哟！

正常的情况下，每天晚上用温度合适的清水淋浴外阴就可以了，如果白带比较多或者是来月经了，可以早晚各洗一次，清洗时一般不需要用香皂、洗液之类的东西！

PART 3　私密花园——嘘，我的烦恼心事

第27节　阴部的卫生平常应该注意哪些方面呢?

以前我以为洗外阴只要拿温水洗洗然后擦擦就可以了，原来盆和毛巾要高温消毒才能用呀！那阴部的卫生保健还有其他需要注意的事情吗？

像你这样的青春期女孩，正处在代谢旺盛阶段，除了上次我说过的每晚清洗外阴，还要养成大便用纸从前向后擦的习惯，预防肛门口的细菌进入阴道。如果白带量多，有异味或者有血色，要及时去医院检查治疗，以免引起阴道感染和外阴瘙痒。

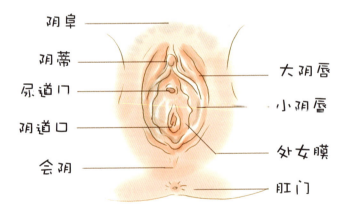

第 28 节　有了抚摸的欲望，我该怎么办？

> 最近总是有抚摸自己下面的欲望，因为抚摸时会有一种说不出来舒服的感觉，我知道这样做是不对的，可是有时又控制不了自己，我是不是个坏女孩呀？

嗯，你的这种行为叫做自慰。自慰是指通过自我抚摸和刺激性器官而产生性兴奋的一种行为。这种刺激可以通过手或是某物体来产生。青春期男孩女孩都可能会发生，这属于一种自我安慰手段，是释放性能量、缓和性心理紧张的一种方法。这种行为对于身体、心理、生活和学习都会产生很严重的影响！所以青春期女孩要努力克服这种行为。

自慰不仅会损伤身体的动力，还会使女孩的精神萎靡、意志薄弱、暴躁、多疑、恐惧，做事情缺少耐心与恒心。

有些女孩在自慰过程中因注意力过度集中，精神紧张过度，怕别人发现，加上自慰之后还会有懊悔心理，都容易给女孩的精神和心理带来极大的伤害。

即使如此，你也不必过分自责，这是青春期过程中需要克服的一个困难，你只要按照下面我说的来做，是一定可以戒掉的！

（1）有自慰习惯的女孩一定要把注意力想办法转移到其他的事上，平时培养一些其他的爱好兴趣，多参加体育运动，让旺盛的精力和体力得到适度的化解。

（2）早睡早起，选择轻薄一点的被子，不要裸睡。

（3）除了上厕所之外，不要接触身体的隐私部位。

（4）睡前可以看一些喜欢的故事书，不要看色情书籍和影片，要有克服自慰的决心。

（5）晚餐不要吃太多，像辣椒、咖啡、可乐这些刺激兴奋性的食物和饮品尽量不用。

（6）洗澡的时候，不要对着镜子欣赏自己的身体。

试试看，相信你很快就能克服这种不良的行为！

第29节 为什么有的高年级女生喜欢吸烟?

> 最近我总是在公用卫生间里看到像我这样大的女孩偷偷抽烟呢!为什么人们会喜欢吸烟呢?

可不要学她们吸烟,那样对身体健康是有很大危害的!

吸烟容易上瘾,犹如吸毒易上瘾一样。不过吸烟的成瘾性比吸毒要低,烟吸入肺中后,所含的有害物质随着血液流动会刺激人体中枢,引起欣慰快感,有解乏的效果。但是时间长了就会上瘾,产生生理和心理上的依赖。

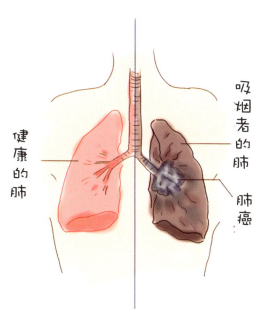

吸烟时烟里面的有害成分会不断地侵害血管,造成营养吸收障碍,从而使皮肤过早地衰老、失去弹性和光泽。

如果再问吸烟有害健康为什么还喜欢香烟,如同问吸毒会致死为什么还有人吸毒一样。

第30节 为什么老师和家长不让我们喝酒呢？

> 这两天很难过，上周末我的好朋友过生日，结果好几个同学都喝醉了酒被家长告诉了老师，我们不但让老师批评了，还被家长禁止以后参加同学聚会，哎！真是令人郁闷呀！

亲爱的女孩儿，相信你们一定不知道这个年龄喝酒和吸食毒品是同样危险的。

酒精是酒的主要成分之一，酒精是饮酒危害机体的主要原因。酒精对中枢神经系统有麻痹作用，至于饮酒以后兴奋性增高只是一种假相，实际上是大脑皮层的抵制能力降低，因而表现出兴奋状态，降低了思维和思想行为控制能力。它首先会危害你的健康，其次，酒中的乙醇有麻醉神经的作用，经常喝酒的青少年学习成绩会急剧下降，思维不敏捷，脑子发木、发笨；甚至有些青少年还喝得大醉，借酒闹事撒酒疯，打架斗殴，以至干扰乱社会秩序呢！

因此我的建议是：健康成长，请远离烟酒！

第31节 可不可以把头发染成漂亮的棕色呢？

> 我好喜欢动画片里公主的棕色头发哟，我是不是可以把头发染成棕色呢？

公主的头发是很漂亮，但那是他们国家的人所拥有的正常发色，就像绝大部分中国人的头发是黑色那样。

染发的目的是为了漂亮，可是，你知道这漂亮的背后有多大的危害吗？

危害一，氧化剂是染发剂的主要成分，对于头发角质蛋白的破坏力很大，很容易对头发造成损伤，经常使用还会使头发枯燥、发脆、开叉、易脱落。

危害二，永久性染发剂的刺激性和毒性在化妆品原料里是比较高的。所以有些人在染发时，头发的外围、耳边、头皮等部位都会出现过敏的现象，严重的还会出现头晕、恶心等症状呢！

危害三，染发剂由两种成分组成，使用时要先把它们混匀再涂抹在头发上，会产生高浓度的有害气体，所以女孩们一定不要让病从发入！

有这么多的潜在危险，中国女孩儿还是做黑发公主好啦，这样才是健康的美丽！相信聪明的女孩是不会用自己的健康去冒险尝试染发的！

第32节 想修眉毛和文眼线，可以吗？

妈妈自从文了眉毛和眼线，比以前更漂亮啦！
我也想像妈妈那样文眉和眼线可以吗？

我对于你的想法是投反对票的！

文眉和文眼线实质上是人们为了弥补自己某些面部上的缺憾而实施的一种创伤性皮肤着色术，它是用文刺器械把颜料植染到皮肤组织内，从而形成长期不褪色的新的眉形和眼线，可是并不是所有的人都适合做这种手术哟！

文眉和文眼线很可能产生局部感染，如果在文刺时消毒不严格或者文刺后不认真保护都会造成感染。由于肝炎、艾滋病等病毒会通过血液传播，如果不小心感染上了，可就很麻烦了。

如果文刺的不好就会使眉色和眼线不理想或者出现脱色、两侧眉形和眼线不对称，要是文出来个怪眉形和眼线，那可是很难看的哟！

电动文眉机的文刺速度比较快，如果安置不牢固，文眉针脱落或者操作者的疏忽都有可能会误伤到眼球。

还有些女孩在文眉和文眼线后因为没有收到预期效果，没有美容反倒变成了毁容，于是便出现忧虑、自卑、精神不振等心理障碍呢！

所以你还是打消这个念头吧，在你这样的年纪，青春本身就是最大的美丽，健康才是最重要的！

第 33 节　好漂亮的耳环，我能拥有吗？

同桌小美穿了耳洞，可以戴漂亮的耳钉了，我好想拥有那些漂亮的耳环呀，但又怕穿耳洞，听说很痛的！而且还容易感染发炎，真是很难决定呀！

女孩穿耳洞，戴漂亮的耳钉，真是挺漂亮的，这对于成年女性来说没有什么，但是对于青春女孩来说还是有些不合适！

青春女孩还没有完全发育成熟，耳廓和耳垂还处在发育中，穿耳洞会影响到耳廓和耳垂的发育，如果穿了多个耳洞还会损伤耳骨呢。你的耳朵现在还比较柔弱，皮肤也缺乏抵抗力，穿耳洞很可能会导致发炎，严重的还会糜烂。长大后，耳洞会变大而下垂，先抑制一下自己的美丽向往，等到完全发育好以后再决定是否穿耳洞吧！

阳光天使——耶，我的卫生保健

PART 4

　　一下子解决了这么多的烦恼，真是开心！可是新的问题又出现了，我身体的某些部位，总是会有些小问题，比如我的喉咙哑了，我的牙龈出血了，我的口腔溃疡了，游泳时突然抽筋了，运动时突然受伤出血了，遇到这些情况，搞得我手忙脚乱，真不知道怎么办才好，还有小美怎么忽然近视戴上眼镜了？同桌身体为什么会有那么难闻的气味？这些都是我想了解的，希望能得到帮助！

　　非常感谢！

第 1 节 怎么对付讨厌的头皮屑？

> 最近头皮上有好多的头皮屑，还痒痒的，真的是好讨厌，有没有什么办法可以除去它们呢？

头皮屑其实是一种皮肤病，它会产生油腻或干燥的白色薄片，经常会出现在头发或者眉毛里面，它还可能会使头部皮肤发痒，不管女孩还是男孩都很讨厌它啦！油性头发最容易产生头皮屑了，另外它还和精神压力、荷尔蒙变化以及季节变化有一定关系。

要想去除头皮屑，我可是有很多秘诀的哟！

一、少吃煎炸、油腻、辛辣的食物，少喝咖啡、可乐，这些食物都会刺激增加头发油脂和头皮的形成。不要吃太甜的食品，因为头发属于碱性，甜品属于酸性，吃多了甜食会影响体内的酸碱平衡，加速头皮屑的产生。

二、用温水洗头。因为水温过热会刺激头皮油脂分泌，令头发油脂变得更多，水温太低会使毛孔收

缩，这样头发里的污垢就不容易清洗干净，35℃左右的水是最合适的。清洗的时候不要用指甲挠头皮，要用手指肚轻轻按摩头皮，这样不但可以增加头部的血液循环，还可减少头皮屑的产生。

三、每天用去屑洗发水洗头发。洗发水最好在头上停留五分钟左右，让里面的去屑成分发挥作用，然后再用力搓揉头皮，用手指把鳞屑揉搓得松软一些，再彻底冲洗干净。最好七天换另一个牌子的洗发水。因为洗发水的清洁对头发只是暂时性，七天后头皮会适应这种洗发水，这样就会失去清洁效果，所以最好是买两种品牌的洗发水交替使用，这样去屑的效果会更好哟！

四、如果时间充足可以早晚梳一百下头发，有助增进头皮的血液循环，从而减少头皮屑。

五、平时多吃一些锌含量较多的食物，像糙米、蚝、牛羊肉、猪肉、鸡肉、牛奶、鸡蛋等食品，也会起到减少头屑的作用喔！

第 2 节 小美已戴上了眼镜，我怎样才能预防近视呢？

小美周末去配了一副眼镜，现在她成近视眼了，以前她的视力不错的，她现在好烦恼呀！她还能恢复原来的视力吗？

其实，除了看书距离不合适、光太暗、持久用眼等原因会造成近视之外，还有其他几种原因也会造成青春期女孩近视。

睡眠不足：青春期女孩如果睡眠不足，就会引起植物神经功能紊乱，身体各部位的发育也就变得不平衡。眼睛的发育和视力调节主要受植物神经的支配，当植物神经出现功能紊乱时，就会

PART 4 阳光天使——耶，我的卫生保健

形成近视了。所以说，保证充分的睡眠时间，对于预防近视眼可是比较重要的哟！

饮食不当：青少年体内缺乏微量元素铬与近视的形成有一定的关系。小美处于发育的旺盛时期，对于铬的需求量比成年人要大。粗粮、红糖、蔬菜及水果中都含有丰富的铬元素，如果日常不注意食物搭配，偏食，引起体内缺铬，就会引起眼睛晶状体渗透压的变化，也就产生了近视。

另外女孩大多都喜欢吃肉食和甜食，过量的糖会使体内血液偏酸，要使身体的酸碱平衡，就需要大量的钙去中和酸，这样就容易造成血钙不足，减弱眼球壁的弹性，使眼轴伸长，慢慢就成了近视。

如果摄入过多烧煮、熏烤太过的蛋白质类食物，也会造成体内缺钙。

你可多食用胡萝卜、水果等耐嚼的硬质食品，增加咀嚼的机会，这样可以预防近视眼哟！

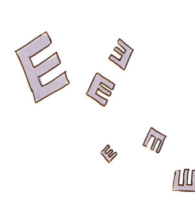

每天要保证有8～9小时的睡眠时间、看电视的时间不要超过一个小时、每天做1～2次眼睛保健操，养成良好卫生习惯、坚持锻炼身体、注意眼睛保健，就能有效地预防近视眼的发生啦！

第 3 节 红眼病可怕吗？

最近学校流行了一种红眼病！听老师说是可以传染的。得了这种病的学生要停课一周，很可怕呀！

红眼病是传染性结膜炎，又叫暴发火眼，是一种急性传染性眼炎，多在春夏季节发生。红眼病是通过接触传染的眼病，如果接触了病人用过的毛巾、水龙头、门把、洗脸用具、游泳池的水、公用的玩具等都可能被传染，所以这种病经常会在幼儿园、学校广泛流行。

红眼病早期，会感觉双眼发烫、烧灼、眼红、眼睛磨痛，像是进了沙子一样的疼痛难忍，接下来会眼皮红肿、眼屎多、怕光、流泪，眼皮常被分泌物粘住，不容易睁开，严重的还会头痛、发热、疲劳、淋巴结肿大，这种病可不像小白兔眼睛那样好看哟！

所以女孩们平时一定要搞好个人和环境卫生，养成良好的卫生习惯，不用手擦眼、勤洗手，不借用别人的毛巾或者是使用公共场所的毛巾。

第 4 节 这是鼻窦炎吗？我该怎么预防？

> 最近总是觉得鼻塞，有时还会怕冷、头晕，这是得了鼻窦炎吗？我该怎么预防鼻窦炎呢？

得了鼻窦炎通常会有以下的症状：怕冷、发热、食欲不振、便秘……

想预防鼻窦炎，平时一定要注意鼻腔卫生，游泳时姿势要正确，尽量做到头部露出水面。注意加强锻炼以增强体质，保持性情开朗，精神上避免刺激，同时注意不要过累，平时还可以多做鼻部按摩，禁食烟、酒、辛辣食品。另外还要保持室内空气流通，但不要直接吹风或者被阳光直射。

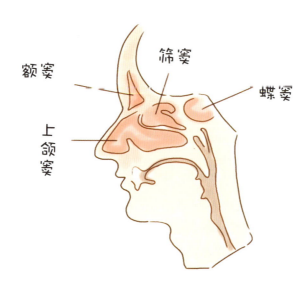

第 5 节　抠鼻子习惯会不会造成鼻炎?

妈妈总是不让抠鼻子，说经常抠鼻会让鼻孔变大，最后会像猪八戒，哈哈，这是不是真的?

经常抠鼻子不仅会让鼻孔变大，影响到你的美丽，而且还极易形成鼻炎呢！这绝不是危言耸听！

经常抠鼻子容易引起鼻子的炎症，形成慢性鼻炎。还容易引起呼吸道感染，这是因为指甲会伤害鼻腔里的皮肤，带来细菌感染，如果没有感染也会使鼻屎增多。

可别小看鼻炎呢！听一下这个鼻炎患者对我的讲述吧……

"我是一名鼻炎患者，刚开始患有鼻炎的时候，每天早晨醒来就连打喷嚏，流大堆清水鼻涕。吃了不少药，效果也没有多大的改善，不过这种糟糕的情况最多也就是持续一两个小时。可后来鼻炎越发严重了，鼻涕整天流个不停，然后就是鼻塞。弄到整个人每天都头昏脑涨，没精打采，做什么事都提不起精神，自己也感觉到记忆力在逐渐下降了。鼻子变得对温度和气味都敏感了起来，身体稍微吹一下冷风、空调或者闻一下比较刺激性的气味，鼻子就会马上感觉到不舒服、痒痒的，接着又开始不断地打喷嚏和流鼻涕，真的是好烦呀！而且我还发觉患了鼻炎以后非常容易感冒，感冒后又加重了鼻炎，周而复始这样恶性循环，让别人总觉得我是一个弱不禁风的人。"

所以如果你有抠鼻子的习惯，当你忍不住想抠鼻子，就想想可能发生的后果，这样就会很快改掉这个坏习惯啦！

如果条件允许，你可以用生理盐水清洗鼻腔，这样鼻屎没有了，又不会影响到鼻子健康。

第 6 节　感冒后耳朵里有流水声？

前几天感冒了，今天总是听到流水的声音，还以为妈妈忘记关水龙头了呢，跑去厨房却不是，为什么我感冒之后，耳朵里会有流水声呢？

耳朵里有流水声，很可能是你感冒时上呼吸道感染，所以引发中耳炎啦！除了耳朵里有流水声还可能会出现耳堵、耳闷、耳鸣、听力减退、轻微耳痛等现象呢！

细菌里的毒素能引起中耳黏膜水肿，毛细血管扩张，分泌增加，从而引发中耳炎。另外咽鼓管是中耳通过鼻咽部与外界沟通的唯一通道，上呼吸道感染等原因能引起咽鼓管炎症，使咽鼓管黏膜过敏水肿，从而压迫损伤咽鼓管咽口，引起中耳炎。因此，建议你赶快去找医生！

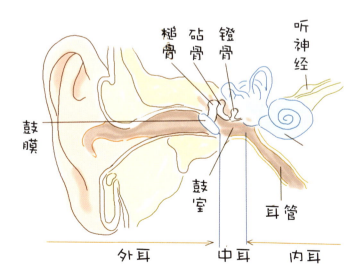

第 7 节 抠耳朵是坏习惯吗？

> 我经常听MP3，耳机戴久了就会觉得耳朵里痒痒的，总是喜欢用手去抠，有时候还会抠到肿痛呢！

啊！这绝对是个坏习惯！

我们耳朵的各个部位其实都很脆弱，一不小心就可能会引起炎症和听力损伤。如果你总是觉得耳朵痒然后用手去抠，时间长了不抠反倒感觉不舒服，这样养成了爱抠耳朵的习惯，就更容易引起外耳道炎，然后是中耳炎，再严重些就会导致听力下降甚至会耳聋呢！如果总觉得耳朵痒就找医生帮忙检查和处理，千万不要自己用手或者棉签去抠啦！

第 8 节 口腔溃疡，为什么那么钟爱我呢？

> 我总是爱得口腔溃疡，真是太痛苦了，什么也吃不下，还疼痛难忍！为什么我总是得这个毛病呢？

口腔溃疡又叫"口疮"，是发生在口腔黏膜上的浅表性溃疡。有的像米粒大小，也有的会像黄豆大小，一般呈圆形或者卵圆形，溃疡的表面有口腔溃疡凹、周围充血，吃刺激性的食物就会很痛。一般一两个星期就可以自愈。但此病极易

复发，且较难根除，女孩口腔溃疡在月经之前最容易发生。这说明口腔溃疡与女孩体内的雌激素还有一定的关系，体内雌激素减少，就容易患口腔溃疡啦！所以患口腔溃疡病的女孩还会多于男孩。

第 9 节　应该怎样预防口腔溃疡呢？

女孩那么容易得口腔溃疡，我们又该怎么样预防呢？

预防口腔溃疡可不是一天两天就能做得到的，重视口腔溃疡的预防，具体措施是：

1. 保持口腔清洁，常用淡盐水漱口，并避免人为地损伤口腔黏膜，还要避免辛辣性食物和口腔局部的过度刺激。

2. 保持精神放松及心情舒畅，避免情绪的大起大落。

3. 保证允足的睡眠时间，避免过度疲劳，加强适当的运动，以保证身体的免疫能力及抗病能力，所以改善体质是必不可少的！

4. 不吃油炸食品，多吃新鲜水果和蔬菜，多喝水，这样可以清理肠胃，防止便秘，口腔溃疡也就不容易找上你了。

5. 口腔溃疡有时候是维生素 B2 缺乏引起的，所以多吃含有维生素 B2 等维生素 B 群的蔬菜和水果，像黄色和深绿色的水果和蔬菜就是啦，牛奶和鸡蛋也是不可少的哟！

第10节 牙龈总出血,这是怎么了?

> 我刷牙时牙龈经常会出血,这正常吗?

健康的牙龈,刷牙不会轻易出血,如果刷牙时牙龈经常出血,那可就不正常了。

健康牙龈的颜色应该是粉色的,坚韧而富有弹性。如果牙龈充血、水肿或者暗红、松软,那么你的牙龈肯定是出了问题!牙龈最常出现的问题是牙龈炎,这和口腔卫生有关,菌斑、牙石的附着便形成了炎症。

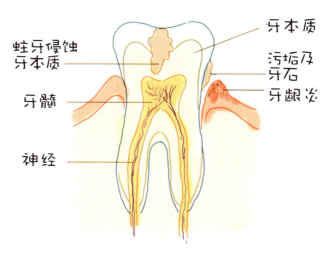

菌斑就是生长在牙面上或牙间隙的细菌团,它能产生各种毒素和酶,引起牙龈组织的炎症。菌斑长期附着在牙面上或者牙间隙里而不能及时除掉,就会在唾液中钙盐的作用下形成牙石。牙石表面粗糙而坚硬,能让菌斑再次生长,还会对牙周组织造成损伤,使牙龈退缩呢!这样的牙齿是很难看的!

人体一些疾病也可能会引起牙龈出血,如果你在牙龈频繁出血的同时身体虚弱,就要及时到医院做血液检查才行哟!

第11节 得了牙龈炎我又该怎么办呢?

好恐怖呀!得了牙龈炎我又该怎么办呢?我可不想自己的牙齿变得很难看!

牙龈炎当然是可以预防的!

首先要养成饭后漱口的好习惯,还要每天认真刷牙,早晚各刷牙一次,每次三分钟左右。

用比较柔软的牙刷,刷上牙时,牙刷毛朝上,刷下牙时,牙刷毛向下,刷头斜向牙龈成四十五度角,每个部位刷6~8次。

清洁牙间隙,每天可以用一次牙线,这样就可以彻底清除缝隙中的菌斑和残留物。

如果得了牙龈炎就得在医生的指导下进行治疗,不要对牙龈炎掉以轻心,如果不及时治疗,发展成牙周炎,这样就会给牙周组织造成损伤,也会增加治疗的困难和自身的痛苦!

第12节　牙套会让牙齿变得整齐漂亮？

> 不知道为什么牙齿会长的参差不齐，今天妈妈带我去做了牙齿矫正，回到家里照镜子一看，天呀！牙套难看死了，这下肯定会成为班级的"焦点"，真是纠结呀！这个难看的牙套真的可以让我的牙齿变得整齐又漂亮吗？

牙套当然可以让你的牙齿变得整齐又漂亮啦！心里也不用纠结，等到取下牙套的时候，一定会给同学们一个惊喜哟！

牙齿不齐不仅会影响美观，而且在刷牙时也不容易刷干净，所以容易长龋齿和牙石，影响牙齿以及牙周健康。如果因为牙齿不齐使咀嚼功能下降，那样就会加重胃肠负担，从而影响到身体健康，另外还可能会影响到发音，所以做牙齿矫正是有很多好处的。

10～12岁是女孩矫正牙齿的最好年龄，因为这个时候乳牙刚刚替换完，矫正的时间一般需要一年半到两年左右，其实女孩们戴的牙套就像是一个牙齿的模具套子，可以通过逐渐增加压力的方法，使牙齿排列整齐，从而起到固定和矫正牙齿的作用。

第 13 节 我的喉咙怎么说不出话来了？

前几天感冒的时候，觉得自己好像说不出话来了，现在感冒好了，还是觉得喉咙不舒服？我平时应该怎么样保护自己的喉咙呢？例如感冒的时候。

感冒的时候说不出话来，是因为喉咙受到了感染，现在不要过度用嗓，再过一段时间，就会好起来啦！

女孩们想要保护好自己的喉咙，在感冒或者感染后嗓音嘶哑的时候，尽量不要讲话，以免使喉咙受伤。

平时要多喝水，避免喝含有酒精和咖啡因的饮料，保持好体内水的平衡就可以充分地滋润声带。

自己不能吸烟，别人吸烟的时候也要离得远一些，吸烟会增加产生患喉癌的风险，被动吸烟对于喉咙的危害也是非常大的。

平时讲话的声音要保持正常，不要过高或过低，低声讲话对于保护嗓音来说也是不利的。不要过度的用嗓，不要高声尖叫，更不可以在嘈杂的地方高声讲话。如果感觉嗓子发干或者说话嘶哑时，一定要停止讲话。

不可以用力地清嗓子，女孩们在作清嗓子这种动作的时候，气流会猛烈地震动声带，造成声带损伤。如果觉得喉咙有点不舒服，就小口地喝水，如果总是不停清嗓子，那就需要到医生那儿去做检查了，这很可能是流行性疾病或者过敏症等疾病引起的。

第 14 节　同桌腋下的气味好难闻？

> 夏天的天气太热，上课的时候我总是能闻到同桌的身体有一股难闻的气味，又不好意思对她说出来，可又太难以忍受了！我该怎么办？

同桌身上的这种气味应该就是腋臭。

腋臭又被人们叫做狐臭，它分布在腋下、会阴、背上部位的大汗腺分泌物中，会散发出一种特殊难闻的气味。腋臭一般都会在青春发育期后产生，有可能会持续到40～50岁呢，随着年龄的增长，大汗腺会萎缩，这时的气味也会明显减淡。

如果女孩发现自己有腋臭时，也不用过于着急，更不可以自暴自弃哟！在日常生活中多注意以下几点，情况就有可能会改善的。

少吃肉和油炸的食品，少吃刺激性的食物，注意个人卫生，勤洗澡，勤换内衣，保持腋窝部位的干燥和清洁，这样就可以减少臭味的散发。

不要做过量的运动，保持情绪稳定、生活规律。在发出臭味的地方可以搽冰片、滑石粉，这样可以减少汗腺分泌，还可以用75%的酒精进行杀菌。

如果我说的这些方法没有什么作用的话，那就要去医院找医生帮忙解决啦！

第 15 节　总想去卫生间，却没有小便是怎么回事？

> 最近总是想去卫生间，可是去了却没有小便，下面还有点痛痛的，肚子也有些不舒服，又不是拉肚子，只是觉得凉凉的，这是怎么回事？

像是得了尿路感染，尿路感染有以下症状：尿频，小便时有强烈的灼痛感，小便浑浊、颜色深或者带有血丝，后背或者下腹部疼痛，严重的还可能会出现恶心、呕吐、发烧等现象。

女孩尿道口正好在直肠和阴道附近，很容易受到直肠和阴道的细菌感染，如果女孩上厕所后擦屁屁的方法不正确，这些细菌就会从直肠向尿道移动，引起尿路感染。如果女孩们不想尿道感染找上你，从现在开始就培养这样的生活习惯吧：每天喝六至八杯水；不要喝太多咖啡和可乐；想要上厕所时不要憋着，想去就要马上行动；洗澡时尽量用淋浴，不要盆浴；上完厕所后从前向后擦屁屁！

第 16 节　脚趾中间长了小水疱，是脚气吗？

> 这几天脚总是觉得痒痒的，脚趾中间还起了小水疱，小美说我得了脚气，我真的得了脚气吗，我该怎么办呢？

好像真的是得了脚气！

脚气，是由真菌引起的常见皮肤病，它还是一种接触性传染病，如果和有脚气的人共用面盆、脚盆、澡盆、脚巾、手巾、拖鞋就会被传染。

得了脚气虽然很麻烦，但是你也不用太担心，到药房去买一盒治脚气的药回来，按照说明涂抹，相信很快就会好起来的！但是以后的预防工作一定要做好哟！

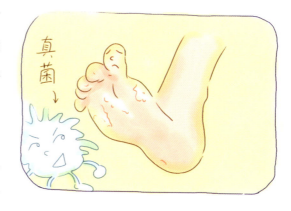

脚气是由真菌引起的，真菌最喜欢潮湿温暖的环境了，所以夏天不要穿胶底鞋和尼龙袜，平时最好穿棉质的袜子。如果要去公共淋浴室和游泳池最好自己带拖鞋，在游泳池的露台上最好不要光脚，穿上自己的拖鞋最安全啦！

第 17 节 阴道炎和脚气有关系？

听说得了脚气的女孩更容易得上阴道炎，这是真的吗，怎么阴道炎会和脚气有关系呢？

正像你听说的那样，得了脚气的女孩更容易得上阴道炎，这种阴道炎叫做霉菌性阴道炎。

霉菌性阴道炎是一种女孩阴道最常见的感染性疾病，得了这种病之后外阴道会有剧烈的瘙痒，同时外阴部会有烧灼感、轻微红肿或者白带过多。

有很多女孩没注意到，夏天所发生的霉菌性阴道炎大多是由脚气引起的，所以说脚气是霉菌性阴道炎的重要传染源。

在家里，只要有一个人得了脚气，病菌一旦传播到女孩阴道，就有可能会发生霉菌性阴道炎。

有很多家庭在洗衣服的时候，通常是将内衣裤、袜子一起放进洗衣机，这种洗衣服的方法可是很不卫生的哟！这样很容易把袜子上的病菌传播到衣裤上，女孩穿上衣裤也就被感染啦！所以女孩们的内裤、床单、被单、鞋袜等要勤洗勤晒。衣裤和鞋袜一定要分开来洗，内衣裤一定要按我以前说过的方式手洗，如果已经得上了霉菌性阴道炎，穿过的内衣裤一定要煮沸消毒，彻底杀死病菌才行哟！

第18节 可以用冷水洗脚吗？

夏天的时候，我喜欢用冷水洗脚，真的是很凉快，但是我发现，有时候用冷水洗脚，脚会抽筋，可男孩好像很少出现这种状况，女孩是不是不可以用冷水洗脚呀？

即使是在夏天，女孩们最好也不要用冷水洗脚，脚在受到冷水刺激后，很可能会抽筋，如果经常这样不但会使脚受凉遇寒，时间长了还会导致排汗机能障碍呢！

另外，女孩每次来月经的时候，全身或局部的抵抗能力都会有所下降，这时更加容易感染疾病，如果用冷水洗脚，会引发血管收缩、血量减少使子宫和盆腔的血液循环紊乱，严重的还会导致妇科疾病，所以女孩们千万别用冷水洗脚哟！

建议女孩们多用热水泡脚，这样不仅可以使血管扩张，血流加快后还能增加下肢营养的供应。特别是在睡觉之前用热水洗脚，既干净卫生，又能解除一天的疲劳，还能起到防病治病的作用呢。但是需要提醒女孩们注意的是，洗脚水可不能太烫啦，最好是用低于45℃的热水来洗脚。

第19节 游泳时突然抽筋怎么办？

周末和小美一起去游泳，突然腿抽筋了，这是怎么回事呀，再遇到这种情况我该怎么办呢？

游泳时抽筋，一般是因为游泳过久或突然受冷水刺激造成的。如果在游泳时抽筋了，应该立即离开泳池，擦干身体。如果没有办法游回来，应该喊人帮忙或者漂浮在水面上，控制住抽筋的部位，休息一会儿，抽筋的肌肉就会自行缓解，然后再出泳池。身体的各个部位抽筋都可以做一些活动来缓解：

手指抽筋时，可以将手握成拳头，然后用力张开，张开后，再迅速握拳，这样反复做几次，直到停止抽筋就可以啦！

手掌抽筋时，可以用另一手掌将抽筋手掌用力压向背侧并做振颤动作，这样问题很快就解决了！

手臂抽筋时，把手握成拳头并尽量曲肘，然后再用力伸开，重复这样做几次。

大腿抽筋时，弯曲抽筋的大腿与身体成直角并弯曲膝关节，然后用两手抱着小腿，用力把它靠在大腿上并做振颤动作，然后再前伸直。

小腿或脚趾抽筋时，可以用抽筋的小腿对侧的手，握住抽筋腿的脚趾，用力向上拉，同时用同侧的手掌压在抽筋小腿的膝盖上，使小腿伸直。

第 20 节　运动时关节脱位怎么办？

今天体育课上有一个同学关节脱位了，大家都不知道该怎么办，如果我不小心关节脱位，该怎么办呢？

运动时的关节脱位大多是肘关节脱位，如果是在没有人的情况下脱位，千万不可以强行把只能半伸的手臂拉直，以免引起更大的损伤。可以用另一侧手臂解开衣扣，把衣襟从下向上兜住受伤手臂的前端，系在领口上，让肘关节呈半屈位固定在胸前部，然后去医院救治。

如果关节脱位时有人帮忙，不要随便活动肘部，防止损伤血管和神经，可以用三角巾把伤臂呈半曲位悬吊固定在前胸部，然后再去医院。

第 21 节　同学突然晕倒了，我们该做些什么呢？

前几天班里的一个同学晕过去了，老师不在，大家又不知道该做些什么，最后有同学打了120，还好没什么事情，把我们都吓坏了，很想知道如果再遇到这种紧急情况，我该做些什么呢？

是呀！急救的知识是成长过程中必备的！多学习一点对于生活也是很有意义的！

如果遇到有人晕倒，最先想到的就应该是打120求救，然后先解开病人衣领和裤带，大声呼喊她、拍打病人脸颊或者拧病人手脚观察反应。如果病人失去意识，大家不要围观，要保持呼吸通畅，以防止窒息。

你一定看过电视里的人怎么样掐人中吧，人中的位置在鼻子下方，鼻唇沟中间靠上的部位，如果病人失去意识就可以掐人中，掐人中时不能一味地掐，留了长指甲的女孩不要去掐昏迷的人，应该用拇指的力量按压穴位试着使昏迷的人苏醒。

第22节 不小心受伤，出血了该怎么办？

> 学校组织骑自行车春游的时候，小美不小心滑倒受伤了，手臂一直在流血，老师用手绢扎在了手臂上，结果真的就不再流血了，如果别的地方不小心受了伤，该怎么样止血呢？

可怜的小美，怎么这么不小心呢！以后外出游玩一定要注意安全呀！

小美属于外伤出血，外伤出血有下面几种办法可以止血：

包扎止血：如果不是动脉出血就可以用这种方法。如果只是小伤口出血，有条件的情况下可以先用生理盐水冲洗，再用消毒纱布盖好创口，然后用绷带或三角巾包扎。如果没有条件，可以用凉开水代替淡盐水冲洗，然后再用干净毛巾或者软质布料包扎。

如果伤口比较大并且出血比较多的时候，就要加压包扎止血。包扎的压力要适度，只要能止血又不使肢体麻木、皮肤颜色没有明显的变化就可以了，就算是没有条件，也不要用泥土之类的不干净的东西撒在伤口上，这样很容易使伤口感染。

指压法止血：这种方法主要用在处理急剧的动脉出血的时候，如果没有合适的包扎材料和止血带时，可以使用这种方法。用手指压在出血动脉的近心端的骨头上，阻止血液源，这种方法有效但是却不易持久按压，所以要抓紧时间去医院让医生处理才行哟！

止血带方法止血：如果是较大的肢体动脉出血，应该用宽布条、三角巾、毛巾等做止血带来止血。

如果是上肢出血，止血带应该扎在上臂三分之一的地方。下肢出血的话，止血带应该扎在大腿的中部。

在扎止血带之前，要把受伤的肢体抬高，这样可以使静脉血回流，然后再扎止血带。

不过血虽然止住了，但一定要及时把病人立即送到医院才行哟！

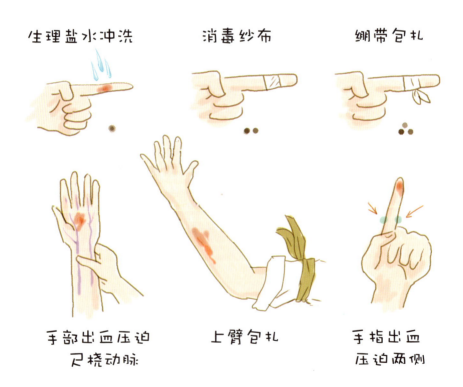

第23节 外出旅行应该注意哪些卫生问题呢?

假期的时候,经常和爸爸妈妈去旅行,外出旅行时是不是也应该注意一些卫生问题呢?

当然啦,外出旅行可是有很多的问题需注意呢!

注意一:外出旅行的衣服要多带一两件,防止气温变化受凉感冒。外出前可以收听一下最近几天的天气预报。旅行要穿胶底的跑鞋或者是布鞋、旅游鞋,千万别穿高跟皮鞋、硬底皮鞋,一不小心会引起扭伤或者骨折啦!

随身带些常用药,如感冒、外伤药,夏季要带些防暑药。如果家里有人晕车、船,还要带防晕车船的药,记得按说明书来服用哟!

出发前一天晚上睡眠要充足,旅行时不要过于疲劳,以免影响到身体健康。登山时要慢走、勤歇、稍停,这样就没那么累啦! 。

注意二:饮水卫生。平时最好不要喝生水,旅行时最好喝开水和消毒净化过的自来水,当然矿泉水是最方便的。山泉、井水、江水、河水、池塘水和湖水千万不可以生饮。如果在游览时很渴却没有水可喝,那就先吃些水果吧!

注意三:水果一定要洗干净或者去皮吃。水果除了受到过农药的污染之外,在采摘与销售过程进也可能会受到病菌或者寄生虫的污染,所以不想把细菌吃进肚肚,那就洗干净或者去皮吃吧!

注意四:旅行中带的食物最好选择面包和蛋糕、茶叶蛋、榨菜丝、午餐肉,尽量不要买路边油炸之类的食物,小心把细菌吃进肚子哟!

PART 4 阳光天使——耶,我的卫生保健

注意五：个人卫生和公共卫生一定要注意，一定要做到饭前、便前便后洗手，尽量不要使用公共茶杯。

注意六：旅行中，千万不可以饥不择食。高中档的饭店一般都可以放心去吃，要吃大排档一定要选择卫生条件好的地方来吃，沿街摆卖的最好不要去吃哟！吃饭时选择的餐厅要有卫生许可证，餐厅里没有蚊蝇，周围环境干净，有清洁的水源，食品要新鲜。

注意七：乘车、乘船之前，不要吃得太多，也不可以吃得太少，太饱会让胃不舒服，不小心就会引起恶心呕吐，吃得太少容易引起低血糖，可能会出现头晕、出虚汗。

第 24 节 在公共浴池和卫生间需要注意什么？

你说去公共浴池洗澡、用公共的卫生间会不会不卫生呢？

用公共浴池和卫生间，当然会出现很多卫生问题啦！公共的浴池大多是公用的拖鞋，如果拖鞋没有得到彻底的消毒，真菌就容易在你的脚上生长，最终让你感染上脚气。

女孩们去公共浴池要避免使用公共的毛巾、浴盆，最好自带拖鞋，随身衣物不要与浴室衣柜直接接触，可以把衣服装在塑料袋里或者在衣柜里铺上干净的纸，避免疾病传染。在公共浴池最好是选择淋浴，不要在公共浴池泡澡，防止皮肤病找上你。如果出去玩，一定要用公共卫生间，那就多准备一些纸巾垫在马桶上，然后再坐上去！

第25节 艾滋病很可怕吗，什么是艾滋病？

> 经常会看到预防艾滋病的广告和新闻，艾滋病真的很可怕吗？究竟什么是艾滋病呢？

艾滋病的确是一种很可怕的病，因为得了这种病死亡率达到了100%。

艾滋病就是获得性免疫缺陷综合征，它被人们称作"史后世纪的瘟疫"，还被称作"超级癌症"和"世纪杀手"。其实艾滋病本身不是一种病，而是一种无法抵抗其他疾病的状态或者综合症状。人是不会死于艾滋病的，而是会死于与艾滋病相关的疾病。

艾滋病病毒的感染者从感染的初期算起，可要经过几年或十几年的潜伏期之后才会发展成艾滋病病人。

艾滋病的病人通常会出现持续发烧、盗汗、虚弱、全身浅表淋巴结肿大，三个月之内体重下降10%～40%以上；还会出现长期咳嗽、呼吸困难等症状。总之，就是这句话：如果你周围出现了艾滋病人，请不要与他们进行任何唾液或血液的接触！

珍爱生命

　　　远离艾滋病！！

PART 4　阳光天使——耶，我的卫生保健

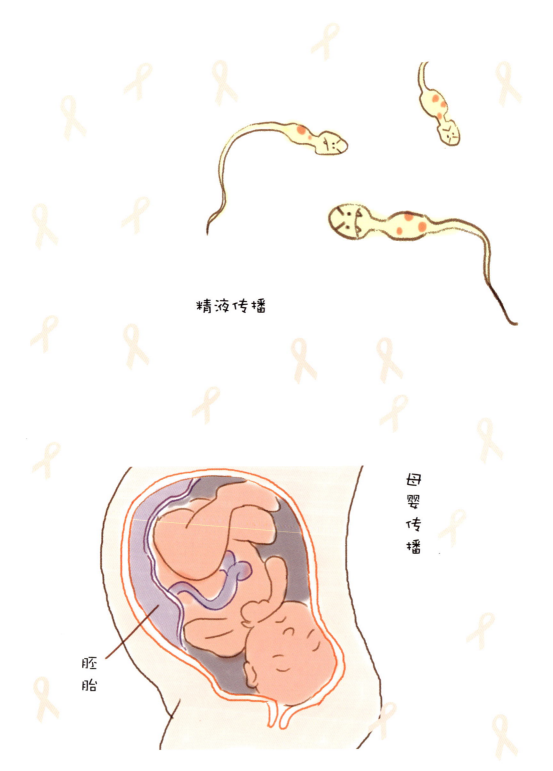

注射、输血传播

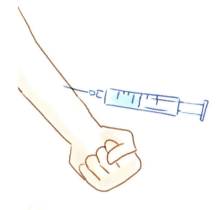

移植传播

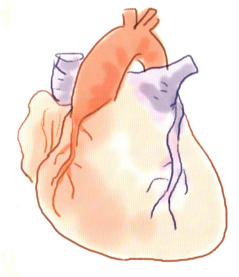

第26节　啊欠！我过敏啦？

我觉得自己的皮肤总是很敏感，对好多东西都会过敏，像花粉呀，蚊虫叮咬呀，都会有很大的反应，有时还会突然打喷嚏，我该怎么样远离过敏呢？

想要远离过敏，一定要远离过敏源才行！

我们常见的过敏源有花粉、尘螨、霉菌、动物皮屑以及昆虫的叮咬，如果女孩对于这些物质会敏感的话，一旦接触就可能会出现很多的过敏反应，轻微的有皮疹、眼涩和鼻塞，重度反应会出现皮肤瘙痒或者呼吸困难等。

春、夏、秋、冬都会有花粉生成，那么爱过敏的女孩们要怎么样来避开花粉呢？早晨的九点左右到下午的一两点钟是花粉量最高的时间段，这个时候如果在家要记得关上窗户，不要把衣服或者床单放到外面去晾，因为花粉会吸附到衣物和床单的纤维里，另外还要避免接触新修剪的草坪，尽量不去公园。

在地下室、浴室、洗衣间等潮湿的地方，生长着许多的霉菌，所以一定要避开像地下室、车库、屋顶、地板下面或者水管等潮湿的地方。在下雨天或者多云的天气里，霉菌会通过空气播散，所以这样的天气尽量少到户外去，这时也不要把衣服或者床单放到外面去晾，因为霉菌很可能会吸附在里面，使你的皮肤过敏。

尘螨通常生长在房屋的灰尘里，像床褥、多毛的动物、毛毯和窗帘都是尘螨寄居的巢穴。女孩们可以在床垫、枕头及弹簧床垫上盖上一层塑料，尽量不要使用绒毛填充的床褥和枕头，每个星期都要用热水清洗床褥，尽量少使用毛毯，要经常给家里养的小动物和毛绒玩具洗澡，然后用电吹风把它们的毛吹干。

女孩们有时被蚂蚁、蚊子、蜜蜂、黄蜂、马蜂叮咬到时，就会产生过敏反应。人们被昆虫叮咬之后通常都会在被咬的部位出现红、肿、痛的反应，而对叮咬产生过敏的女孩们，可能情况会更加严重一些，甚至会出现威胁到生命的反应。想要远离叮咬，就不要穿亮色的衣服，避免使用有香味的除臭剂、化妆品或者护发品，蚊虫较多的季节，出门时尽量穿长袖的上衣和长裤吧！

第27节　上课时总是打哈欠，怎么办？

> 最近总是晚上睡不着，白天没精神，上课总是打哈欠，哎哟……困死啦，我怎么办呀？

你的样子像是得了失眠症哟！失眠是指无法入睡或者没办法保持睡眠状态而导致的睡眠不足。女孩在青春期的时候，失眠现象会开始增多啦！常表现为经常入睡困难，容易早醒，白天疲惫不堪，无精打采。

你一定很想知道是什么原因造成你失眠的吧！这和你的日常生活习惯可是有着很大的关系呢！日常用脑过度，就会引起中枢神经和抑制功能的失调而导致失眠。还有可能是你缺乏睡眠的知识，认为一两个晚上没睡好就自认为是得了失眠症，所以忧心忡忡，反而影响到了自己的睡眠情况，如果引起睡眠障碍，那可真就成了失眠症了。

日常生活中情绪如果不稳定，也可能会让你睡不着觉哟！青春期女孩大多是单纯性的失眠，只要平时不紧张、平心静气、劳逸结合、科学动脑，很快就可以恢复正常睡眠啦，睡前喝一杯热牛奶吧，说不定就可以睡香了呢！

第28节　不爱吃蔬菜就会缺乏维生素吗？

总是听到大人们说这种蔬菜里有维生素，那种蔬菜里有维生素，我的身体真的需要那么多的维生素吗？我现在缺乏维生素吗？

宝贝，你当然要多补充维生素啦！以前和你讲过的哟，在青春期生长发育过程中，维生素不仅可以预防许多疾病，还能提高机体免疫力呢！你身体所需要的维生素大部分是从蔬菜和水果里获取的哩！

想知道自己是不是缺乏维生素，那就来看一下缺乏维生素身体都有哪些反应吧！

缺乏维生素A：你会觉得眼睛怕光，身体容易疲劳，还会有脱发的现象，时间长了很容易患上结膜炎、角膜炎。

缺乏维生素 B1：你的消化功能会紊乱、身体缺乏耐力、皮肤粗糙而且手脚麻木。

缺乏维生素 B：你会失眠，还会有口臭，不知道什么原因就会头痛，精神疲倦。

缺乏维生素 B6：身体的肌肉会痉挛、有了外伤不易愈合。

缺乏维生素 B12：你会食欲不振、记忆力减退、呼吸不均匀，注意力也不集中啦！

缺乏维生素 C：你会感觉全身乏力，精神抑郁、虚弱、厌食、营养不良，面色苍白、牙龈肿胀、出血，严重的还会导致牙齿松动、脱落，骨关节肌肉疼痛，皮肤出现瘀点。

缺乏维生素 E：你会四肢无力，经常出汗，皮肤干燥，头发分叉，精神紧张。

现在知道了吧，缺乏维生素对身体健康是非常不利的，严重缺乏症状也是很可怕的，所以妈妈给你吃的东西都是有利于你身体健康的，可不要拒绝哟！

第29节 学校体检要做准备吗?

学校过几天要体检,我需要做什么准备吗?

学校的健康体检不用弄得这么紧张啦!但是必要的准备还是要做的。

体检的前一天晚上要好好休息,体检时要尽量穿宽松的衣服。如果你会晕针、晕血最好在抽血前告诉医生你的情况,抽血检查后用棉签按压针眼五分钟,防止皮肤青紫。体检时要放松心情,防止出现血压升高或者心率加快。

平时喜欢体育锻炼,又那么注意个人卫生,相信你的身体一定会很健康的。

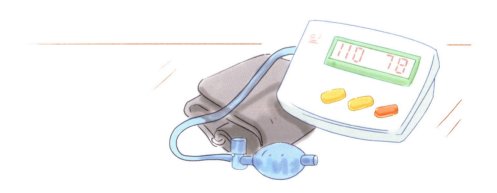

# 记录我的身体小秘密

记录我的身体小秘密

记录我的身体小秘密